首创时间：2008年11月

主　　办：教育部人文社会科学重点研究基地
　　　　　深圳大学中国经济特区研究中心

主　　编：袁易明

副 主 编：周轶昆

Founded in: November, 2008

Sponsor: Key Research Base for Humanities and Social Sciences of Ministry of Education, P.R.C
China Center for Special Economic Zone Research, Shenzhen University

Editor-in-chief: Yuan Yiming

Assistant Editor-in-Chief: Zhou Yikun

集刊序列号：PIJ-2008-014

中国集刊网：*www.jikan.com.cn*

集刊投约稿平台：www.iedol.cn

中国人文社会科学集刊 AMI 综合评价入库集刊
中国集刊网全文收录集刊
社会科学文献出版社"第二届优秀学术集刊奖"
CNKI全文数据库收录集刊
中英文双语出版集刊

中国经济特区研究

STUDIES ON

2022年第1辑　总第15辑
2022 Number 1　Volume 15

CHINA'S SPECIAL ECONOMIC ZONES

袁易明／主　编

EDITOR-IN-CHIEF／YUAN YIMING

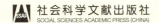
社会科学文献出版社
SOCIAL SCIENCES ACADEMIC PRESS (CHINA)

《中国经济特区研究》英文版成为

斯普林格出版社（SPRINGER）国际高下载量经济学学术出版物

学术委员会

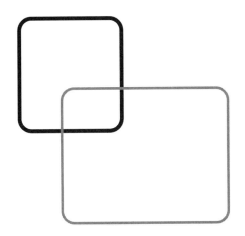

目　录

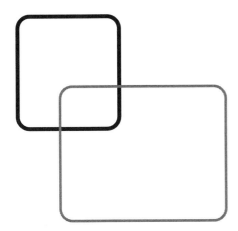

Contents

深港融合发展与区域经济韧性[*]

陶一桃[**]

（深圳大学中国经济特区研究中心　广东　深圳　518060）

摘　要：本文从制度经济学的视角分析深港融合发展及其制度绩效的形成，尝试把制度绩效缠定于区域经济韧性范畴内进行分析。区域经济韧性是指一个特定的区域或区域共同体所拥有的面临外部和内部各种环境变化情况下，防范、抵御各种风险以及及时灵活调整政策，开辟新的发展路径的恢复能力。本文从区域产业结构、社会资本、政策和制度环境以及文化因素四个维度分析区域经济韧性形成的机理并得出如下结论：区域的产业结构、社会资本、政策和制度环境以及文化因素都在不同层面与程度上，以"制度资本"的功能提升区域经济韧性。从深港两地产业结构的特点看，深港融合发展将以各自产业结构的优势，整体增强区域经济韧性；从深港两地社会—文化资本与人力资本结构看，将以强化社会—文化资本潜在收益的方式增强区域经济韧性；从深港两地社会资本的契合度看，将以社会资本的制度力量增强粤港澳大湾区的区域经济韧性。粤港澳大湾区的形成与构建，一

---

[*]　本文为国家社会科学基金重大项目"中国经济特区发展史（1978—2018）"（项目号：16ZDA003）的阶段性研究成果。

[**]　陶一桃，经济学博士，深圳大学中国经济特区研究中心主任、教授、博士生导师，主要研究方向为中国经济特区发展史、中外经济特区比较研究、公共制度比较研究。

方面具有制度的基本功能与属性，另一方面具有制度创新的特殊意义。深港融合发展以营商环境的高水平规则衔接与机制对接为路径，不仅提升了粤港澳大湾区的制度环境品质，也促进了香港真正融入祖国建设的整体布局。

关键词：区域经济韧性　粤港澳大湾区　制度资本　深港融合发展

2019年，《粤港澳大湾区发展规划纲要》出台，深港融合发展被提上区域协调发展的议程。之后相继出台的《深圳建设中国特色社会主义先行示范区综合改革试点实施方案（2020—2025年）》与《全面深化前海深港现代服务业合作区改革开放方案》（以下简称《前海方案》），都从制度层面为深港融合发展确定了基本路径与规则衔接、机制对接的主要方向。如果说粤港澳大湾区的构建是中国社会深化改革的战略性部署，是以建立政策性增长极的方式，先行完成制度变迁探索的中国道路的逻辑演进，那么深港融合发展则是新时代深化改革进程中又一富有挑战性的制度安排。而消除融合发展的制度障碍，确立融合发展的制度通道，则是实现共同繁荣的关键所在。因为制度障碍的消除与制度通道的确立，不仅会以制度资本与社会资本的潜在力量增强深港乃至粤港澳大湾区自身可持续发展的区域经济韧性，而且将以"一国两制"框架下深港融合发展体制机制的确立与实践，促进中国社会管理体制与机制的现代化与国际化，从而使粤港澳大湾区真正成为未来中国具有超强扩散效应与辐射力的、最强劲的区域协同发展高品质引擎与制度创新高地。

一　区域经济韧性及其影响因素

从一般意义上讲，经济韧性是指一个经济体在面临外部和内部各种环境变化情况下，防范、抵御各种风险以及及时灵活调整政策、开辟新发展路径的恢复能力。区域经济韧性是指一个特定区域或区域共同体所拥有的上述能力。当然，由于区域自身的特殊禀赋，或区域共同体形成的独特互补优势和要素集聚能力与合力的存在，区域经济韧性会在成因或韧性表现形式上显示出某些差异性，但基本原理与机理是相同的。一个富有经济韧性的经济体，是具有可持续发展潜能的经济体，而一个富有可持续发展潜能的经济体，必定不可或缺地蕴含经济发展韧性。

"韧性"概念首次出现在经济学领域（区域经济领域）是 2002 年。Reggiani 等人认为，在研究空间经济系统动态过程中，"韧性"这一概念应作为一个关键思路，尤其是空间经济系统在应对冲击或扰动时。[1] Berkes 等人认为，韧性不仅包括经济系统应对外界扰动的能力，而且包括抓住并转化外部机遇的能力。[2] Rose 认为，经济韧性涉及企业、市场、家庭等不同层面，是区域系统中固有的一种响应机制，以及区域在外来冲击发生时和发生后为避免潜在损失而采取应对策略的能力。[3] Foster 将区域经济韧性定义为面对外部干扰，区域预测、准备、应对和恢复的能力。[4] Hill 等人认为，区域经济韧性是区域经济在受到冲击后成功恢复的能力，但这种复原往往和原有的经济运行模式存在偏差。[5] James 和 Ron 则根据遭受外界冲击后的情景，总结了区域经济的发展趋势，其中包括能否回到冲击之前的稳定发展状态，以及区域经济能否通过自身结构的调整，实现产业转型升级，走向全新的发展道路等，并将上述特质视为区域经济韧性。[6] 叶初升将经济韧性简单地概括为抵御风险、驾驭不稳定性的发展能力。[7] Martin 将区域经济应对衰退冲击的"韧性"归纳为四个方面：第一，抵抗力，即区域经济应对衰退冲击的敏感性和反应程度，或者说脆弱性和易受伤害性；第二，恢复力，即区域经济从衰退冲击中恢复的速度和程度；第三，重

① Reggiani, A., De Graaff, T., Nijkamp, P., "Resilience: An Evolutionary Approach to Spatial Economic Systems," *Networks and Spatial Economics*, 2002（2）.

② Berkes, F., Folke, C., eds., *Linking Social and Ecological Systems: Management Practices and Social Mechanisms for Building Resilience*, Cambridge University Press, 1998.

③ Rose, A., "Economic Resilience to Natural and Man-made Disasters: Multidisciplinary Origins and Contextual Dimensions," *Environmental Hazards*, 2007（4）.

④ Foster, K. A., *A Case Study Approach to Understanding Regional Resilience*, IURD Working Paper, No. 8, 2007.

⑤ Hill, E., Wial, H., Wolman, H., *Exploring Regional Economic Resilience*, UC Berkeley: Institute of Urban and Regional Development, 2008.

⑥ James, S., Ron, M., "The Economic Resilience of Regions: Towards an Evolutionary Approach," *Cambridge Journal of Regions, Economy and Society*, 2010（1）.

⑦ 叶初升：《中国的发展实践与发展经济学的理论创新》，《光明日报》2019 年 11 月 1 日。

新调整能力，即区域经济在遭受冲击后重新整合内部资源、调整自身结构以适应新外部环境的能力，以及维持产出、就业和收入水平等稳定的能力；第四，经济增长路径的创造能力，即区域经济遭受冲击后，改变原先的经济增长路径，开启新的发展路径，重新实现经济稳定增长的能力。[1] 区域经济韧性可以被视为一个地区固有的特征，它是能够长期、持续提升该区域经济的关键属性。当然，区域经济韧性又表现为一个循环过程，即在区域经济面对冲击扰动及其恢复过程中，可能会引起的区域经济结构和功能演变，而这些变化又会影响区域经济系统面对下一次冲击扰动时的抵抗性和恢复性。也就是说，区域经济韧性是动态演化的，它既会影响区域经济对冲击扰动的应对能力，也会因系统的改变而发生演化，从而影响应对下次外部冲击的能力。[2]

一般认为，有四个主要因素会对区域经济韧性产生影响。第一，区域的产业结构。在现有研究文献中，产业结构被视为影响区域经济韧性的最重要因素。排除单纯的产业多元化与专业化利弊之争，仅就应对外部风险冲击而言，一方面，一个区域产业结构越多样化，尤其是主导产业越非单一化，产业结构分散风险的能力就越强，该区域面对冲击时越能体现出更强的韧性；另一方面，不同的产业包括主导产业对经济韧性有着不同的敏感度。以重工业为主导的区域，由于面对冲击时会产生高昂的沉没成本并存在退出壁垒，因此经济韧性较差；而金融业、服务业占比高的地区，经济韧性更加强劲。

产业结构多样化可以防止区域产业结构单一造成的区域锁定现象，既可以减小冲击对区域经济的破坏力，也有利于区域经济在遭受冲击后迅速恢复。[3] 有学者针对产业结构对区域经济韧性的影响提出，由于外部冲击直接影响的是一个或多个产业，产业结构多样化能够有效分散风险。然而，对于专业化产业结构，一旦主导产业遭到冲击，短期内会因无法寻找接替产业，导致工人重新

① Martin, R., "Regional Economic Resilience, Hysteresis and Recessionary Shocks," *Journal of Economic Geography*, 2012（1）.

② 李连刚等：《韧性概念演变与区域经济韧性研究进展》，《人文地理》2019 年第 2 期。

③ Martin, R., Sunley, P., "Path Dependence and Regional Economic Evolution," *Journal of Economic Geography*, 2006（4）.

就业机会变少、经济韧性减弱等。① 以雅各布斯（Jacobs）② 为代表的城市经济学家更加重视产业多样化的外部性作用，他们认为，由于大多数重要的知识转移均发生于跨产业之间，因此多样化的产业结构更能促进知识交流，从而促进创新和技术水平提升，最终促进地区经济增长。

我们知道，马歇尔－阿罗－罗默（MAR）外部性理论，特别强调产业专业化对区域经济增长的影响机制。由于区域经济的专业化有利于降低生产成本、提升生产效率、促进知识溢出等，MAR 外部性理论认为，相同或相关行业在某一区域集聚产生的知识和技术外溢效应有助于提高当地创新能力，进而促进区域经济发展。笔者以为，我们在阐述产业多元化更有利于提升区域经济韧性的同时，并没有否定区域产业专业化的自身优势及其对区域经济所产生的正外部效应，因为两者是不同的问题。产业多元化并不是对产业专业化的否定，专业化寓于多元化之中，多元化包含专业化。一个拥有较强区域经济韧性的经济体，一定有蕴含专业化的多元化产业结构。

第二，社会资本。社会资本是指社会网络中由于不同行为主体过多地关联形成区域内的一致认知，因此产生了某种认知型锁定。对于个人而言，社会资本是指其在一种组织结构中所处的位置以及价值；对于群体而言，社会资本是指群体中使成员之间互相支持的行为和准则的积蓄。布迪厄（Bourdieu）提出，所谓社会资本就是"实际的或潜在的资源的集合体，那些资源是同对某些持久的网络的占有密不可分的。这一网络是大家共同熟悉的、得到公认的，而且是一种体制化的网络，这一网络是同某团体的会员制相联系的，它从集体性拥有资本的角度为每个会员提供支持，提供为他们赢得声望的凭证"③。科尔曼（Coleman）指出："蕴含某些行动者利益的事件，部分或全部处于其他行动者的控制之下。行动者为了实现自身利益，相互进行各种交换……其结果，形成了持续存在的社会关系……这些社会关系不仅被视为社会结构的组成部分，而且是一种社会

---

① 张振、赵儒煜、杨守云：《东北地区产业结构对区域经济韧性的空间溢出效应研究》，《科技进步与对策》2020 年第 5 期。
② Jacobs, J., *The Economy of Cities*, New York：Vintage Books, 1969.
③ Bourdieu, P., "Le Capital Social：Notes Provisoires," *Actes de la Recherche en Siences Sociales*, 1980 (31).

资源。"① 科尔曼由此提出了社会资本的概念。他把社会结构资源作为个人拥有的资本财产，并称之为社会资本。科尔曼还认为，社会资本是与物质资本和人力资本并存的，每个人生来就拥有这三种资本。其中，物质资本是有形的，社会资本和人力资本是无形的，三者可以互相转换。社会资本的形式有义务与期望、信息网络、规范与有效惩罚、权威关系、多功能社会组织和有意创建的组织等。林南认为，社会资本是"投资在社会关系中并希望在市场上得到回报的一种资源，是一种镶嵌在社会结构之中并且可以通过有目的的行动来获得或流动的资源"②。林南在定义社会资本时尤其强调了社会资本的先在性。它存在于一定的社会结构之中，人们必须遵循其中的规则才能获得行动所需的社会资本，同时该定义说明了人行动的能动性，人通过有目的的行动可以获得社会资本。在帕特南（Putnam）那里，社会资本是一种团体的甚至国家的财产，而不是个人的财产。帕特南强调，如果认识到社会资本是重要的，那么它的重心不应该放在增加个人的机会上，而是必须放在社群发展上，为各种社会组织的存在留下空间。③ 学者普遍认为，社会资本对提高区域适应能力有着积极的作用，但是，只有当社会资本能够促进个体和认知多元化，避免出现集体盲目和短视行为时，才会有利于增强区域经济韧性。如哈辛克（Hassink）④ 曾研究了韩国大邱的经济韧性。大邱是韩国"纺织之都"，然而两次石油危机的冲击并未唤醒当地人的危机意识，20 世纪 80 年代曾有专家提示注意中国这一竞争对手的出现，但大邱认为中国不会对其构成威胁，产业转型一再拖延，后来大邱纺织业的衰落导致当地经济严重滑坡，政府付出了巨大努力和资金，但至今仍难以实现转型。其实从现实生活来看，区域创新能力、商业环境、制度政策、区域文化、教育水平、人口等因素都会影响区域经济韧性，而哈辛克尤其指出，社会资本、知识网络和文化等是区域适应力的重要来源，因此这些对区域经济韧性

---

① Coleman，J.，*Foundations of Social Theory*，Harvard University Press，1990.

② 林南：《社会资本：关于社会结构与行动的理论》，张磊译，上海人民出版社，2015。

③ Putnam，R. D.，*Making Democracy Work：Civic Traditions in Modern Italy*，Princeton University Press，1993.

④ Hassink，R.，"Regional Resilience：A Promising Concept to Explain Differences in Regional Economic Adaptability？" *Cambridge Journal of Regions*，*Economy and Society*，2010（1）.

的强弱具有重要的影响，并且这种影响会同时向正反两个方向扩展延伸。

在本文的研究框架中，社会资本主要是作为一种内在的制度安排纳入后面的分析逻辑。从社会资本表现为区域共同认知的角度来看，它无疑具有意识形态的制度功能，即节省交易费用的制度安排；从社会资本表现为区域的每个会员提供支持和彼此信任的集体性资本的角度来看，它无疑具有减少协调成本与组织成本的制度属性；从社会资本表现为镶嵌在社会结构中的资源，并希望通过市场得到回报的经济属性来看，它无疑具有以成本收益的权衡决定人们选择的行为类似于正式制度安排的功能与属性。当然，一个社会或区域共同体社会资本的形成，与共同体的正式制度安排关系紧密。而且在相当程度上，正式制度安排决定了社会资本的特质，因为社会资本存在于社会的制度环境之中。

第三，政策和制度环境。政策和制度环境同样被认为是分析和解释区域经济韧性的重要因素。有学者把社会经济系统分成三类：企业主义社会经济系统、联合主义社会经济系统和发展主义社会经济系统。企业主义社会经济系统的核心是企业家精神，最具创新活力，经济韧性最好，以美国为代表；联合主义社会经济系统是一种政企合作模式，中央政府会把部分权力下放给地方和私人部门，以德国和北欧国家为代表；发展主义社会经济系统常见于东亚国家，是一种以政府为中心、以经济规划为主导的模式，比较容易导致区域锁定，削弱经济韧性。从一般意义上讲，这三类社会经济系统的韧性依次降低，如日本经济产业省在决定重点产业的发展方面有很大权力，容易造成大量社会资源流向少数行业，影响产业多元化，不利于长期经济发展。总的来说，政府干预较少、政策环境宽松的地区，经济韧性较好；政府权力较大或干预过多的地区，不利于新的经济增长路径形成，从而经济韧性较差。谈及区域经济韧性，不能不考虑行政力量的影响，当然，行政力量对区域经济韧性的影响未必是消极的，一方面，体制僵化会产生负面影响，阻碍经济结构的调整和重组；另一方面，中央集权政府同样会创造机会促进区域经济成功转型和重生。事实表明，无论是老工业基地转型还是经济危机后的应对，行政力量都是重要影响因素。[①]

---

　　① 孙久文、孙翔宇：《区域经济韧性研究进展和在中国应用的探索》，《经济地理》2017 年第
　　　10 期。

影响区域经济韧性的政策和制度环境因素，将被纳入中国社会制度变迁及改革开放的大背景下考量。政府的权力必须靠政府的权力来消除，一方面，任何一个懂得政府行动越少、成就将越多的政党，都将在政治上获得巨大而可喜的发展机会；① 另一方面，由于制度转型的效率性要求，政府的保护性功能不可或缺。因为在某些情况下，没有政府保障的集体行动，会导致社会转型的一些最基本目标无法顺利实现。瓦尔特·欧根曾说过这样一段话："视现存的政府为所有经济活动的全知全能的保护者是错误的，但是，认为被利益集团收买的现政府已不可救药，从而对解决建立恰当政治—经济秩序的问题丧失信心，也是不正确的。政治秩序与经济秩序的相互依赖性迫使我们要同时解决它们。它们都是同一整体秩序的组成部分。没有竞争秩序，就不会有能起作用的政府；而没有这样一个政府，也不会有竞争秩序。"② "举国体制"在中国社会转型进程中是一种有价值的资源，尤其是在集中稀缺资源干大事和面对突然发生的外部冲击时。"举国体制"总是以政策和制度环境的方式发挥作用，也总是以政策所释放的信息与制度环境所带来的机会成本变化，影响个人、群体或一个区域的决策，从而影响区域经济韧性的强弱与高下。

第四，文化因素。文化因素主要是指区域文化、风俗、习惯和由此决定的人们的选择行为。作为影响区域经济韧性的文化因素，通常是以内在制度的形式发挥作用。法国哲学家夏尔·孟德斯鸠在他的《论法的精神》一书中专门谈到了习惯的重要性："虽然贤明的人可以有他们自己制定的法律，但是他们却拥有一些他们从未制定过的法律。"大卫·休谟和亚当·斯密也强调，一个社会的制度框架必须以演化的内在制度为基础。有意识制定并立法通过的规则，以及由政治过程决定的制度的整个架构，都必须以内在制度为基础。柯武刚、史漫飞把内在制度分为较宽泛又在某些方面不无重叠的四类，即习惯、内化规则、习俗和礼貌、正式化内在规则。③ 他们认为，习惯作为规则会给遵守者自身带来便利，人们基本上都能出于自利动机而自动服从这类习惯。

① 〔美〕理查德·A. 爱波斯坦：《简约法律的力量》，刘星译，中国政法大学出版社，2004。
② 〔德〕瓦尔特·欧根：《经济政策的原则》，李道斌译，上海人民出版社，2001。
③ 〔德〕柯武刚、〔德〕史漫飞：《制度经济学——社会秩序与公共政策》，韩朝华译，商务印书馆，2002。

内化规则是人们通过习惯、教育和经验习得的规则，并达到在正常情况下无反应地、自发地服从的程度，这样的规则构成了像道德这类内在制度。习俗和礼貌是一种内在制度，违反它并不会自动引发有组织的惩罚，但共同体内的其他人都会非正式地监督遵守规则的情况，违规者会落下不好的声誉或发现自己被社会排斥。正式化内在规则虽然是随经验出现的，但它们在群体内是以正式规则的方式发挥作用并被强制执行的，如一个行业的自我管理就属于正式化内在规则。

作为形成区域经济韧性的文化因素，其本身就是制度的一个重要组成部分。然而，对于一个社会而言，一方面，制度是不可或缺的，因为任何无约束的自由对社会都是巨大的灾难；另一方面，社会需要制度，但人们往往并不了解制度，而文化的制度属性与功能常常被人们忽略，并且作为一种自然而然的存在来理解。从"时间就是金钱，效率就是生命"的特区精神到潮汕文化形成、积淀的某些习惯与习俗（甚至包括语言体系和多子多福的生育观），事实上都是以一种内在制度或内化规则，抑或正式化内在规则的方式，在持续保持、增强一个固定群体自身文化凝聚力的同时，赋予这一固定群体及其生活的区域来自文化认同的经济韧性。

综上所述，经济韧性还可以理解为一个经济体的自我转型升级能力，即一个区域或区域共同体通过实现系统结构与功能的转变，形成可持续发展与消除风险干扰并实现转型的能力。但是，从区域经济韧性的生成及影响因素来看，区域经济韧性并非经济学单一维度的结果，而是包括经济因素在内的社会诸因素共同作用的结果。可以说，今天的深港融合发展也非单纯经济上的合作共赢，而是一种区域共同体的全方位社会融合。这种融合虽然以中央政府指导性文件的方式倡导，但根本上还是源于双方可持续发展的客观需要与区域共同体演进的趋势。一方面，对香港而言，无论是面对国际竞争还是谋得自身开拓性发展，都需要内地的支撑（这种支撑包括要素更自由的无制度障碍的流动、空间地域的延伸等），而深圳则是这一支撑的最佳要素供给者与高制度契合度的合作者；另一方面，对深圳而言，无论是率先深化改革还是拓展对外开放新格局，都离不开香港这一个国际化平台，而香港成熟完善的市场经济体制、发达的金融体系以及与之相关联的香港在国际经济秩序中的地位，不仅可以降低改革的认知成本从而提高制度变迁的绩效，还可以为内地可持续发展带来制度环境的优化与"制度资本"的提升。

二　粤港澳大湾区的制度经济学诠释

如果从制度变迁的角度来看，粤港澳大湾区无疑是一项正式制度安排。作为一项正式制度安排，粤港澳大湾区的形成与构建，一方面具有制度的基本功能与属性，另一方面具有制度创新的特殊意义。形成高绩效的制度结构，从而获得高品质制度资本，并以此示范全国，推动中国改革开放向纵深迈进，则是粤港澳大湾区作为区域性经济增长极的关键所在。

新经济史先驱诺思认为："制度可以被定义为社会的行为规则，提供了人类相互影响的框架。它们建立了构成一个社会，或更确切地说一种经济秩序的合作与竞争关系。"[1] 诺思在与新制度经济学派代表人物戴维斯合著的《制度变迁的理论：概念与原因》一文中对"制度"的概念做了进一步的表述："它们是为决定人们的相互关系而人为设定的一些制约，并构造了人们在政治、社会或经济方面发生交换的激励结构。"戴维斯、诺思在上述文章中还阐述了制度与制度安排以及制度环境之间的内在联系："一项制度安排，是指支配经济单位之间可能合作与竞争的方式的一种安排……安排可能是正规的，也可能是非正规的，它可能是暂时性的，也可能是长期的。不过，它必须至少用于下列一些目标：提供一种结构使其成员的合作获得一些在结构外不可能获得的追加收入，或提供一种能影响法律或产权变迁的机制，以改变个人（或团体）可以合法竞争的方式。"[2]

戴维斯和诺思还认为："制度变迁与技术进步有相似的动机，即推动制度变迁和技术进步的行为主体都是追求收益最大化的。所以制度变迁的成本收益之

---

[1]　〔美〕道格拉斯·C. 诺思：《经济史中的结构与变迁》，陈郁、罗华平等译，上海三联书店、上海人民出版社，1994。

[2]　〔美〕L. E. 戴维斯、〔美〕道格拉斯·C. 诺思：《制度变迁的理论：概念与原因》，载《财产权利与制度变迁——产权学派与新制度经济学译文集》，上海三联书店、上海人民出版社，1994。

比对于促进或推迟制度变迁起着关键作用。""如果预期净收益超过预期成本，一项制度安排就会被创新。只有当这一条件得到满足时，我们才可能发现在一个社会内改变现有制度和产权结构的企图。"进而，他们又阐述了制度创新的几种方式："从纯粹自愿的形式到完全由政府控制和经营的形式都有可能。在这两个极端之间，还存在着广泛的半自愿半政府的结构。自愿的安排简单地说是相互同意的个人之间的合作性安排，任何人都可以合法地退出。这一点可能暗含着决策必须是一致同意的，接受这一决定的成本低于由退出所带来的成本。另一方面，政府的安排并没有提供退出的选择，因此，行动并不要求一致的同意，而只要遵从一些决策规则就行。"戴维斯和诺思进一步指出："尽管在自愿选择下的制度创新中，既没有与之相联系的组织成本，也没有强制成本，但收益的增长只限于一个人。不过，在自愿的安排下，要达成一致性可能会进一步增加组织成本。所以，给定同样数量的参与者，在政府安排下的组织成本，可能要低于自愿安排下的成本。相对于其他制度创新方式，一个政府的强制性方案，可能会产生极高的收益，因为政府可能利用其强制力（这里可以理解为权力），并强制实现一个由任何自愿的谈判都不可能实现的方案。"

通常一个社会所有制度安排的总和，包括政治和经济制度，技术、意识形态等正式和非正式的制度，被称为制度结构。制度总是镶嵌在制度结构之中，因此，制度的效率还取决于其他制度安排实现功能的程度。"由于制度结构是由一个个制度安排构成，所以一个特定制度安排不均衡，就意味着整个制度结构不均衡。许多制度安排是紧密相关的，一个特定制度安排的变迁，也将引起其他相关制度安排不均衡。"① 一方面，没有制度结构形成相互支撑的制度系统，再好的制度也无法独自发挥作用并产生绩效；另一方面，制度供给本身从来都不可能是单向度的，一项制度供给的发生，要么表现为一系列相关制度供给的同时产生，要么表现为渐进式引发或带来与之相关联的一系列制度创新，从而渐进式形成更有利于获得潜在利益的制度结构。

---

① 林毅夫：《关于制度变迁的经济学理论：诱致性变迁与强制性变迁》，载《财产权利与制度变迁——产权学派与新制度经济学译文集》，格致出版社、上海三联书店、上海人民出版社，2014。

可以说，由新制度安排推动更富有绩效的制度结构的形成，在制度创新中显得尤为重要。因为，制度的"制度资本"功能与属性，只有在相互支撑的制度环境中才有可能展现出来，正如鲁滨逊世界不需要产权一样，产权制度也只有存在于市场经济体系中才具有价值并创造价值。柯武刚和史漫飞是这样定义"制度资本"的："制度能增强生产要素，如劳动——在满足人类需要上的效能。这种作用的方式类似于其他一些生产要素，如资本——使劳动具有更高的生产率。因此，我们可视共同体的制度为一种宝贵的生产性资产。我们可称其为'制度资本'。"有学者从交易费用的视角阐述"制度资本"的意义："如果一国的制度有利于交易市场的容量最大化，有利于经济的深化，那么我们就说该国具有高的制度资本。"反之，"不利于市场交易的制度，则使交易的成本变高，这种成本通常被称为'制度成本'"。① 从制度变迁的角度来看，高品质的制度资本总是形成、存在于高绩效的制度结构之中。制度系统相互支撑的契合度越高，制度的制度资本属性就越显著，从而一个社会的制度系统就越会以降低交易成本、增加潜在收益的方式提高社会的总效益。

"制度环境是指一系列用来建立生产、交换与分配基础的基本的政治、社会和法律基础规则"，或者说"是一系列与政治、经济和文化有关的法律、法规和习俗"。② 制度环境是"人们在长期交往中自发形成并被人们无意识接受的行为规范"，它表现为"可供人们选择制度安排的范围，使人们通过选择制度安排来追求自身利益的增进受到特定的限制"。③ 例如，支配选举、产权和合约权利的规则就是构成制度环境的基本规则类型。制度环境是可以通过一份成文的文件、宪法或政府的政策抑或发展理念的改变而营造或改变的，《粤港澳大湾区发展规划纲要》、《深圳建设中国特色社会主义先行示范区综合改革试点实施方案（2020—2025年）》乃至《全面深化前海深港现代服务业合作区改革开放方案》都具有后一种含义。上述规划与方案实质上都是政府的政策及发展理念，

① 陈志武：《勤劳能致富吗?》，《西部大开发》2004年第11期。
② 〔美〕L. E. 戴维斯、〔美〕道格拉斯·C. 诺思：《制度变迁的理论：概念与原因》，载《财产权利与制度变迁——产权学派与新制度经济学译文集》，格致出版社、上海三联书店、上海人民出版社，2014。
③ 樊纲：《渐进式经济学的政治经济学分析》，上海远东出版社，1996。

会导致一系列制度创新的联动效应，从而促成区域制度环境的改变。

营商环境是指市场主体在准入、生产经营、退出等过程中涉及的政务环境、市场环境、法治环境、人文环境等有关外部因素和条件的总和。[①] 如同制度总是镶嵌在制度结构中一样，一个社会的营商环境也总是镶嵌在该社会的制度环境中，并体现该社会制度环境的品质。高品质的制度环境产生高品质的营商环境，而高品质的营商环境又具有增进要素价值的制度资本属性。甚至可以说，营商环境是制度环境与制度资本属性最恰当的诠释与体现。在现实中，所有方便要素自由流动的制度安排、所有能够降低交易成本的制度设定、所有能够使人力资本这一重要的生产要素获得交换价值以外的价值（如尊重感）的制度系统，都有巨大可能在技术条件不变的情景下，仅仅由于营商环境的改善（更高品质制度环境的形成与供给），实现经济增长并为社会带来来自制度文明的繁荣。从这个角度我们可以解释，为什么优化营商环境，会成为粤港澳大湾区一体化进程中制度演进的重要方向；为什么营商环境的高水平衔接，会成为深港融合发展之首要任务；为什么不断优化营商环境又以"便利度"的感受作为制度创新的结果，会在粤港澳大湾区日益凸显。有什么样的制度安排，就有什么样的人的选择行为，从而就有什么程度的社会文明。

加拿大菲沙研究所发表的《世界经济自由度2020年度报告》显示，中国香港居全球最便利营商地第3位，较上年上升了1个位次。同时，中国香港以8.94的评分高于新加坡，再次被评为全球最自由的经济体。菲沙研究所发言人认为，自由市场原则一直是香港特区政府制定政策的重要考虑以及香港经济的基石。香港有优质的司法制度、廉洁的社会风气、透明度高的政府、高效的监管制度，以及高度开放的环球商贸环境。自由的贸易和投资制度、简单低税制、良好的营商环境以及高效的政府，为香港提供了一个长期稳定并镶嵌在社会机体内的市场经济制度环境，从而使其能够保障企业蓬勃发展、整体经济持续稳定向上。

我们可以从制度变迁的视角对粤港澳大湾区的形成与构建做出如下判断。第一，作为一项正式制度安排，粤港澳大湾区的形成与构建为经济体之间可能的

---

① 参见世界银行《营商环境报告》。

合作与竞争提供了共同遵循的规则和一种全新的结构。在粤港澳大湾区框架内，"9 + 2"行政区划的每一个成员之间的合作均可以获得某些在结构之外无法获得的追加收益，或获得一种能够影响法律抑或产权变迁的机制，以改变个人（或团体）合法竞争的方式。如《粤港澳大湾区发展规划纲要》中有关大湾区的五项战略定位和四个方面发展重点①都是以正式制度安排的方式，使"9 + 2"行政区划中的每一个成员既作为独立的经济体，又作为合作中的共同体，在实现一体化目标中获得了只有在粤港澳大湾区内才能获得的额外发展机会与收益。此处尤为重要的是，在粤港澳大湾区的制度框架内，通过自上而下的制度安排获得的能够影响法律或产权变迁的某些制度变迁机会，如规则衔接、机制对接等政策许可与实践，使"一国、两制、三法域"的"9 + 2"行政区划合作，不仅获得了结构外不可能获得的潜在利益与追加收益，也推动了政治体制改革与社会管理体制机制的现代化与国际化，开展了一种足以降低试错成本的率先探索。

第二，作为一项正式制度安排，粤港澳大湾区的形成与构建体现了渐进式改革中"举国体制"的效率与权威性。"举国体制"不仅可以减少制度变迁的"时滞性"与交易费用，迅速把国家改革的总体意图变为可操作的实施方案，而且可以通过自上而下的行政隶属机制，使制度创新迅速产生在其他体制下无法达到的极高效益，尤其是在尚存行政区划与区域一体化碰撞的情景下。另外，如果我们从制度设计的角度来理解《粤港澳大湾区发展规划纲要》，它事实上是一种具有准法律效力的制度性文件。它的作用不仅是为实现区域一体化制定了合作与分工框架，如深港、珠澳、广佛三个增长极与七大节点城市的功能定位，而且是为有可能出现的过度消耗公共资源的"公地灾难"，恶性竞争带来的"无谓损耗"，有可能避免的包括公共基础设施、公共物品及准公共物品的区域间重复建设，给出了旨在提高边际收益与供给效益的协商机制与制度操作空间。

---

① 《粤港澳大湾区发展规划纲要》提出五大战略定位："充满活力的世界级城市群、具有全球影响力的国际科技创新中心、'一带一路'建设的重要支撑、内地与港澳深度合作示范区、宜居宜业宜游的优质生活圈。"四个方面发展重点："深化区域经济一体化、建设国际科技创新中心、构建具有国际竞争力的现代产业体系、建设宜居宜业宜游的优质生活圈。"

第三，作为一项正式制度安排，粤港澳大湾区的形成与构建不仅会在制度结构优化的进程中进一步增强制度的"制度资本"属性，而且会通过模仿与传导机制推进中国社会的制度变迁向纵深发展，从而推进深化改革与高水平开放。

在谈到经济一体化时，制度经济学家柯武刚、史漫飞认为，经济一体化与不同的地区市场或国家市场的市场参与者之间密切的相互交往有关。① 当地区间或国家间的交易随贸易增长而趋于密集时，我们就称其为"源于下层的一体化"，与这种一体化的进展相伴，通常会发展出各种促进交易的内在制度。相反，"源于上层的一体化"与通过各种政治程序建立或改变外在制度有关，欧盟就是一个例子。按照柯武刚、史漫飞的论述，粤港澳大湾区从概念上来说应该被定义为"源于下层的一体化"，与之相适应的应该是各种促进区域交易的内在制度的产生。然而，这种在理论上契合制度经济学定义的"源于下层的一体化"，在中国表现为由政府制定的"源于上层的一体化"，以及与之相适应的正式制度的形成。但有一点是可以肯定的，就是粤港澳区域自身发展，已经为"源于上层的一体化"，即今天粤港澳大湾区的构建奠定了基础，也为制度结构的优化提供了可能。那些"源于下层的一体化"，以及与之相适应的各种促进区域内交易便利化的内在制度的产生，则更多地通过作为"次级行动集团"的地方政府间的准市场行为和市场行为展示出来，如 2003 年《内地与香港关于建立更紧密经贸关系的安排》（CEPA）的实施、以深汕合作区为代表的"飞地经济"等。高品质的"制度资本"既是市场经济日益完善的结果，又作为一体化制度框架的绩效得以显现与释放，只是这一切都以符合中国国情的方式、以中国特色制度演进的逻辑路径展开。

第四，作为一项正式制度安排，粤港澳大湾区的形成与构建以深港营商环境高水平规则衔接、机制对接为路径，在提升大湾区制度环境品质的同时，促进香港真正融入祖国建设的整体布局。

营商环境本质上是一种社会制度环境，通常人们会遵循"制度—行为—绩效"的路径来评价制度环境对社会经济的影响。制度环境通过作用于要素配置

---

① 〔德〕柯武刚、〔德〕史漫飞：《制度经济学——社会秩序与公共政策》，韩朝华译，商务印书馆，2002。

效率，影响区域经济增长，同时反映区域政府与市场关系。

营商环境高水平规则衔接、机制对接，对于粤港澳大湾区的不同行政区划而言，是一个借鉴香港成熟市场经济体制机制的学习过程。经历40余年的改革开放，香港与内地的关系正在发生变化。香港是内地了解世界、学习市场经济、融入国际社会最便利的窗口，粤港澳大湾区成为香港与内地合作发展的共同区域，深港融合发展使香港与内地的关系由单纯的要素往来走向了现实的规则衔接、机制对接。从某种意义上说，从前香港自身所拥有的契合发达市场经济体的体制与制度资源，在很大程度上只是作为经济增长的外生变量影响我们的生活和选择，而没有作为社会发展的内生因素改变我们的行为方式、思维方法甚至决策程序。粤港澳大湾区的形成与构建，尤其是深港融合发展的决策，会通过营商环境高水平衔接与对接等制度安排，把借鉴香港一些有比较优势的制度变成大湾区高品质制度环境营建的行动。当然，在规则衔接与机制对接中，香港也会由于与深圳乃至大湾区在商事规则等市场遵循及行为准则标准方面的逐渐一致性，而"制度化"地融入祖国发展的整体规划。

知识的不足是可以靠恰当的制度安排来弥补的。恰当的制度安排能够在一个复杂的、不确定的世界中引导个人决策者，并能够帮助我们减少对信息的需求。香港一些有比较优势的制度是一种有价值的资源。向在某些方面具有比较优势的成熟制度学习有助于克服转型社会的政府因自身局限性造成的保守与低效率；有助于避免因认知不足造成的较高交易成本和无谓社会损耗；有助于降低学习的机会成本，提高学习的效率与绩效。另外，向在某些方面具有比较优势的成熟制度学习，既可以消除制度变迁的时滞，降低制度变迁的成本，减少制度变迁中包括服从心理和情感在内的无形损耗，也可以使政府在制度变迁中走向成熟、理性并富有责任感和服务社会与民众的职业人价值取向。① 所以，营商环境的高水平衔接，不仅会加快粤港澳大湾区的一体化进程，从根本上提高大湾区制度供给与制度环境的品质，更重要的在于随着规则的一体化，香港有机会真正融入祖国发展建设，并成为由市场规则营造的融合发展制度共同体、"一国两制"的行政区划。

---

① 陶一桃：《建设前海就是"再造香港"》，《法人》2014年第5期。

粤港澳大湾区作为由国家整体发展布局引致的正式制度安排，既表现为渐进式改革的必然演进，又体现了中国道路的内在发展逻辑——以建立政策性区域增长极的方式、以先行先试的制度探索，推动改革开放向纵深发展；以成功经验的借鉴与推广，实现区域协同发展与共同富裕。因此，粤港澳大湾区的形成与构建，在为共同体成员提供只有在共同体遵循的制度框架内才能获得的机会与利益的同时，为深港融合发展提供了可能，又以制度创新的力量促进了中国社会制度的变迁。

三　深港融合发展与区域经济韧性

如果说深圳与香港是粤港澳大湾区中具有独特意义的裙带增长极，那么深港融合发展对于粤港澳大湾区建设来说就具有独特意义与功能。深港融合发展不仅是充分利用彼此包括制度在内的要素禀赋，从而形成发展合力与加强引擎效能的客观需要，也是未来真正实现共同富裕与繁荣的唯一途径。深港融合发展的关键在于制度通道的建立，而规则衔接与机制对接是构建制度通道的桥梁；深港融合发展的首要工作是营商环境的高标准接轨，而高品质制度环境的营造是实现这一目标的前提。深港融合发展的核心在于增强区域经济韧性，从而使深港不仅成为带动粤港澳大湾区高质量发展的强劲引擎，而且成为带动中国经济可持续发展的具有国际风向标意义的强劲引擎。而要形成这样一种发展格局，需要更加深入的改革和更高水平对外开放的坚实推进。

第一，从深港两地产业结构的特点来看，深港融合发展将以产业结构的优势，整体增强粤港澳大湾区的经济韧性，从而提升其抵御、应对外部冲击与风险的能力，拥有保持经济稳定发展、源于内在产业结构的持续力量。

深港两地产业结构具有相当程度的相似性与相互支撑性。一是产业结构的高品质是深港两地的共同特点。深圳以高新技术产业和战略性新兴产业为主导，香港则以包括金融在内的现代服务业为主导。这两种产业业态均处于产业链条的高端位置，除了自身不大容易从根本上受到巨大的经济周期波动冲击外，在面对有可能出现的全球经济危机时，由于其自身业态的特质又显示出对整体经济的"稳定器"作用。如高新技术产业特有的创新能力、生产与技术能力、市场拓展能力和由管理能力带来的决策组织与制度创新能力等，都是面对经济冲击时保障生存及迅速复苏的机制优势与原动力。二是产业业态的相互支撑性是深港融合的独特价值与意义。深港融合发展既有地缘上的可行性，又有区域经济发展趋势的客观必然性。深圳的高新技术产业、先进制造业与香港现代服务业优势及国际化先发优势的结合，深圳数字金融和"科技＋金融"与香港发达且拥有国际信用的金融体系的结合，都会以提升自身竞争力和世界经济体系对其依存度的方式，增强深港融合发展赋予粤港澳大湾区的区域经济韧性。三是发展空间的拓展与要素无制度障碍的自由流动，既增强深港融合发展的经济承载力，又形成新的经济增长点，从而不仅使香港也使深圳乃至大湾区依托新发展机遇带来的可持续发展活力，更加富有区域经济韧性，如香港北部都会区的建立与《前海方案》的出台。

第二，从深港两地的社会文化氛围与人力资本结构来看，较高的开放度与国际化水平、较强的社会学习能力及城市的宜居性，都在以增加潜在收益的方式强化社会资本并增强区域经济韧性。

首先，较高的开放度与国际化水平，会以增强城市包容度的方式增强城市或区域经济韧性。根据美国国际管理咨询公司科尔尼的《2020 年全球城市指数报告》，2020 年香港全球城市指数排名下降 1 个位次，位列第 6，而北京超越香港，历史性地进入全球前 5。这是自 2008 年第一期报告发布以来，全球城市指数排名前 5 首次发生更迭，之前香港连续 9 年稳居全球第 5 位。但是从历史的延续性角度来看，香港的排名依旧不俗，同时排名持续上升的深圳此次（2020年）居全球第 75 位。应该说在国际化水平方面，香港比深圳更加具有张力。在规则衔接与机制对接中，香港自身的国际化水平及国际化社会管理体制机制会以提升营商环境的方式，增强深港融合发展区域的经济韧性。其次，高质量的人力资本结构，既是社会的竞争力，也是在承受外部冲击时，内在固有的抵御能力与迅速进行发展路径创新的能力。深圳以金融业、信息传输/软件和技术服务业、租赁和商务服务业、科学研究/技术服务业为主要代表的知识密集型服务业从业人数为 116.28 万人，占总就业人数的 12.92%，每十万名从业人员中就有 12925 人从事知识密集型服务业。香港以金融服务和专业服务及其他工商业支援服务为主要代表的知识密集型服务业从业人数为 84.02 万人，占总就业人数的 21.8%，每十万名从业人员中就有 21800 人从事知识密集型服务业。《2020 年全球创新指数（GII）》显示，在以 PCT 国际专利申请量和科学出版物为核心评价指标的科技集群排名中，深圳—香港—广州科技集群位居全球第 2，仅次于东京—横滨，超过美国圣何塞—旧金山城市群（硅谷所在地）。最后，对于处于区域增长极地位的城市来说，城市的宜居性既是城市的魅力，也是城市优质人力资本的储备能力与生命力之体现。2020 年 10 月，美国经济杂志《环球金融》（*Global Finance*）发表了以"宜居城市"为主题的 2020 年世界城市排名，进入榜单前 50 的中国城市有香港、上海、北京。香港居第 11 位、上海居第 21 位、北京居第 22 位，虽然深圳没有进入前 50，但也显示出上升的势头。深港均处于粤港澳大湾区经济带，是不可替代的具有高品质引擎作用的卫星城市，共同构成了得天独厚的裙带增长极。因此，宜居性所带来的社会经济效益会通过两者融合发展的合力展现出来。如 2020 年深港两地的地区生产总值（GDP）之和达到 5.18 万亿元，相当于上海的 1.33 倍，与珠江口周边和杭州湾周边城市 GDP 之和持平，而珠江口周边城市 GDP 之和，相当于杭州湾周边城市 GDP 之和的 1.5 倍。2020 年，香港和深圳的人均 GDP 分别为 32.3 万元和 15.93 万元，明显高于上海，在大湾区经济带城市中也处于领先水平。①

第三，从深港两地社会资本的契合度来看，深港融合发展将会以文化资本的制度力量，在降低磨合成本、减少协调成本、节省交易费用、提高认知共识，从而产生"文化增长资产"的同时，增强粤港澳大湾区的经济韧性。

从某种意义上说，香港一些有比较优势的制度依然是我们深化改革可以借鉴的有价值的资源。深港融合发展在相当意义上是向在某些方面具有比较优势的成熟制度学习的过程。在这一过程中，香港在某些方面的比较优势无疑会增强区域经济由社会资本高品质化派生的强劲韧性。如前所述，社会资本是指社会网络中由于不同行为主体过多关联而形成的区域内一致认知。只有当社会资本能够促进个体和认知多元化，从而避免出现集体盲目和短视行为时，才会有利于区域经济韧性。从制度经济学角度看，社会资本与文化资本在概念上具有较高的吻合度。柯武刚、史漫飞在定义文化资本时做了如下表述："文化——价

---

① 根据各相关城市统计公报整理。

值和制度的系统及其更具体化的要素——构成了社会中人力资本的一个重要组成部分：即它对于如何有效地转化劳动、资本、自然这些物质资源以服务于人类的需求和欲望具有重要影响。因此，我们称其为'文化资本'或'社会资本'。"① 在这里，文化资本与社会资本被看作同一个概念加以表述。柯武刚、史漫飞还援引英国文化人类学家爱德华·伯内特·泰勒有关文化的定义来说明文化的制度属性。他们认为，爱德华·伯内特·泰勒把文化定义为"一个人作为社会一员所获得的全部能力和秉性"，不仅恰如其分地指出了由文化来沟通的个人与社会群体间的张力，而且着重于这样一个事实，即文化附着于习得制度和支持这些制度的价值。社会的共同文化支持劳动的分工，因为它减少了交往的风险和成本。柯武刚、史漫飞还认为，尽管作为制度性资本的文化演变缓慢并具有许多路径依赖性，但是当内在发现了新的思想，或更多地源于外部因素并发现它更具有优越性，文化的演变便会发生。而当这些新的文化特性得到模仿并使社会中接受它们的人数超过一个临界点，它们就会变成新的规范，从而新的制度（包括正式的或非正式的）就会产生，文化资本或社会资本也会随之发生改变或者变得更加具有绩效。例如，14～16 世纪，欧洲的统治者们发现，当商人和制造商们认为另一些国家有更受规则约束的政府和更可信赖的制度时，就会前往那些国家。这不仅迫使统治者们放弃了任意的机会主义，提供了可信赖的规则，还鼓励了某些内在的文化性制度，如诚实、守时和节俭。当外在制度和内在文化性制度得到采用，新的"公民道德"广泛普及时，资产阶级社会和资本主义就诞生了。由于被迫开放、获取西方技术和组织的紧迫需要的影响，作为制度的文化完全有可能突变成"文化增长资产"。与此相关联，价值和文化中的变革常常是边际性的，其重点就是从对一般制度作保守性解释转向作未来导向性和学习导向性解释。这一演变逻辑也适合解释区域共同体成员因发现更有优越性的理念而形成新的共识以及签署共同遵循的文献等事件。新共识的形成往往会产生边际收益递增的结果，从而促进社会总收益最大化。

首先，深港融合发展是一种发展理念的共识。这种共识会以降低合作协调

---

① 〔德〕柯武刚、〔德〕史漫飞：《制度经济学——社会秩序与公共政策》，韩朝华译，商务印书馆，2002。

成本、提高合作边际效益的方式增强区域经济韧性。我们知道，任何行政决策都可以通过一纸公文实现，但一个获得广泛认同和支持的行政决策是需要广泛认同的社会价值体系支撑的，这就是社会资本或文化资本的功能。由区域内一致认知形成的社会资本，可以降低合作中不可避免的磨合成本，减少资源、组织、信息等结合过程中产生的协调成本，节省包括收集市场信息成本、缔约成本、监督成本在内的交易费用，从而使区域共同体之间的合作变得更简单并具有可预测性。这就如制度的功能一样，使复杂的人际交往过程变得更容易理解和更可预见，从而使个人之间的协调变得更易于发生。"它们（制度）为人们创造一种信心，使人们感到生活中的常规很少变化全在掌握之中。所以，它们限定了指向未来的行动中的风险。只有当人类的行为被稳定化，才可能增进知识和劳动的分工，而这种分工是繁荣不断增长的基础……有些一般制度能得到广泛好评，因为它们给人们以心理上的舒适感和安全感，即感到自己属于一个有序的、文明的共同体；在这个共同体中，协调成本很低，风险有限，人们能有在家里的感觉，周围的人都是可信赖的。与一个人生活在陌生人当中或一个有序性较差的共同体内相比，在这类共同体中与他人交往不会觉得累，制度创造着诱发归属感的多种纽带。多数个人都会发现，这种归属感是令人满意的。"① 因此，我们可以说，粤港澳大湾区的构建不是简单地理意义上的一体化整合，而是不断达成一致认同的社会资本，或者说文化资本的形成，这才是一体化的坚实基础。正如在多数共同体中价值观、理念、集体道德等内在制度引导成员间的多数行为一样，社会资本在降低无法避免的磨合成本、协调成本与交易成本的同时，也降低遵循区域共同体发展目标产生的"服从成本"，从而使区域经济逐渐形成的韧性，完全有可能远远高于非合作及单纯要素或产业优势互补状态下所显示的强度。

其次，从深港融合发展的设想与实践来看，深港融合发展是融合发展模式的探索与共建过程。这种探索与共建过程，会以不断释放由社会资本或文化资本逐渐一致性所带来的经济发展整体目标一致性的方式，产生"文化增长资

① 〔德〕柯武刚、〔德〕史漫飞：《制度经济学——社会秩序与公共政策》，韩朝华译，商务印书馆，2002。

产"，提升区域经济韧性。

建立在发展共识基础上的区域共同体融合发展，既不是简单的资源整合，也不是单纯的相互参与，而是以尊重彼此利益为大前提，在共同规划框架下的有机融合。因此，这种融合发展模式不仅展现出社会资本或文化资本在区域共同体构建中的凝聚作用，也会产生"文化增长资产"。即仅仅源于认知的认同形成了新的社会资本，而这种新的社会资本由于便于区域共同体间更广泛的要素自由流动与高效组合，因此带来社会经济发展新的机遇与可能。从 2019 年出台的《粤港澳大湾区发展规划纲要》，到新近出台的《前海方案》，再到香港《北部都会区发展策略》，深圳与香港在粤港澳大湾区发展中举足轻重的地位日渐以政府规划的方式凸显。融合发展已经由单纯的要素市场化流动走向共享型发展模式。当然，这种共享型发展模式绝不是对彼此个性的否定与简单的趋同，而应该是共识目标下更加紧密的合作。这种共享型发展模式，不仅会为深港共同繁荣解决稀缺资源市场化配置或获得的问题，也会解决诸如就业等社会问题并相互提供机会与可能。因此我们可以说，共同规则是建立在共同理念之上的，而共同理念是社会资本或文化资本的关键体现；社会资本本身虽然不是规则，但它能够决定什么样的规则可以被共同体接受。如穆勒所言："虽然国家不能决定一个制度如何工作，但是它却有权力决定什么样的制度将存在。"[1] 深港融合发展带来的更加开放包容的制度—文化环境、更加富有冲击力的创新氛围都会在产生更高品质"文化增长资产"的同时，增强深港合作的区域引擎作用。

最后，从深港融合发展的倡导与实施来看，在中央政府统一部署下的两个地方政府（深圳、香港）以次级行动集团的制度创新力，创造更富有弹性与包容性的政策与制度环境，在增强区域制度竞争力的同时，使深港融合在粤港澳大湾区建设中展现强区域韧性释放源的独特魅力。

从制度变迁的意义上定义，次级行动集团也是一个决策单位，是为了帮助初级行动集团获取收益所做的一些制度安排。次级行动集团能够做出一些获取收益的策略性决定，但是它不能使所有的追加收益自然增长。中国社会进行的

---

[1] 〔英〕约翰·穆勒：《政治经济学原理及其在社会哲学上的若干应用》，胡企林、朱泱译，商务印书馆，1991。

是自上而下的、以中央政府授权改革为特征的渐进式制度变迁，中央政府作为初级行动集团确定总体改革方向，并决定向谁授权及授权的范围与内容，被授予改革优先权的地方政府作为次级行动集团在遵循中央整体改革方案推进制度变迁的同时，拥有率先改革的自主权，从而有可能更富有成效地实现突破与创新。在粤港澳大湾区建设框架下，深圳与香港就是中央政府授权改革路径下具有不同程度自主权的次级行动集团。深圳的次级行动集团角色源于经济特区，源于中国改革开放之初的先行先试和今天的先行示范之改革逻辑；香港的次级行动集团角色源于特别行政区，源于"一国两制"的基本国策。从深港融合发展的制度张力来看，二者的融合发展将会形成两个次级行动集团，在制度创新方面的相互借鉴与支撑复合力，将会形成举国体制优势与完善的市场机制；在资源配置方面的优势互补，将会形成集中资源干大事的行政效率，以及矫正政府失灵的市场规律共同作用的合力。如果说深港融合发展产生的经济韧性来自深港两地各自制度优势互补、叠加与相互支撑形成的综合力量，那么这种综合力量形成的独特经济韧性，将会通过"释放效应"与"邻里效应"增强粤港澳大湾区的经济韧性，粤港澳大湾区也会由于深港这一高品质裙带增长极的形成及作用而更加具有可持续发展潜力。

从根本上说，深港融合发展不是一个单纯的经济问题，而是一个文化大于资本、制度重于技术的社会问题。相对于资本与技术而言，来自制度—文化的约束，既是最软的约束，也是最坚硬的约束，更是最根本的约束。实际上是共同的价值观和规则，界定了一个社会或共同体及其个人的选择行为。而在一个社会或共同体中发展起来的，并已经确立的诸如习俗、信仰、价值观等非正式制度，不仅是制度这一系统的组成部分，也是文化这一系统的组成部分。因此，建立一个富有包容性、可操作的制度—文化认知体系，对于深港融合发展来说，无论是在逻辑上还是在现实意义上，都应该是首先的策略与智慧考量。正如全球化是以某种价值认同为前提与基础一样，深港融合发展以价值认同作为潜在的制度性资产。构建能够一致理解的价值共同体，有助于设法使共同体内在制度演化变得更加可预见并有序。因此，对于演化中的共同体内在制度而言，共同价值发挥过滤器和凝聚剂的作用。价值认同是共同体成员对内在制度的一种非正式认可，所以它不会被强制执行，而是表现为文化包容的结果与收获。因此，从某种意义上讲，为了完成保持香港、澳门长期繁荣稳定的使命，进一步消除制度文化障碍、建立共识通道、确立互信机制、提供平等机会将是高于资本与技术之首要任务。

参考文献

[1] 叶初升：《中国的发展实践与发展经济学的理论创新》，《光明日报》2019 年 11 月 1 日。

[2] 李连刚等：《韧性概念演变与区域经济韧性研究进展》，《人文地理》2019 年第 2 期。

[3] 张振、赵儒煜、杨守云：《东北地区产业结构对区域经济韧性的空间溢出效应研究》，《科技进步与对策》2020 年第 5 期。

[4] 林南：《社会资本：关于社会结构与行动的理论》，张磊译，上海人民出版社，2015。

[5] 孙久文、孙翔宇：《区域经济韧性研究进展和在中国应用的探索》，《经济地理》2017 年第 10 期。

[6]〔美〕理查德·A. 爱波斯坦：《简约法律的力量》，刘星译，中国政法大学出版社，2004。

[7]〔德〕瓦尔特·欧根：《经济政策的原则》，李道斌译，上海人民出版社，2001。

[8]〔德〕柯武刚、〔德〕史漫飞：《制度经济学——社会秩序与公共政策》，韩朝华译，商务印书馆，2002。

[9]〔美〕道格拉斯·C. 诺思：《经济史中的结构与变迁》，陈郁、罗华平等译，上海三联书店、上海人民出版社，1994。

[10]〔美〕L. E. 戴维斯、〔美〕道格拉斯·C. 诺思：《制度变迁的理论：概念与原因》，载《财产权利与制度变迁——产权学派与新制度经济学译文集》，上海三联书店、上海人民出版社，1994。

[11] 林毅夫：《关于制度变迁的经济学理论：诱致性变迁与强制性变迁》，载《财产权利与制度变迁——产权学派与新制度经济学译文集》，格致出版社、上海三联书店、上海人民出版社，2014。

[12] 陈志武：《勤劳能致富吗？》，《西部大开发》2004 年第 11 期。

[13] 樊纲：《渐进式经济学的政治经济学分析》，上海远东出版社，1996。

[14] 陶一桃：《建设前海就是"再造香港"》，《法人》2014 年第 5 期。

[15]〔英〕约翰·穆勒：《政治经济学原理及其在社会哲学上的若干应用》，胡企林、

朱泱译，商务印书馆，1991。

[16] Reggiani, A., De Graaff, T., Nijkamp, P., "Resilience: An Evolutionary Approach to Spatial Economic Systems," *Networks and Spatial Economics*, 2002 (2).

[17] Berkes, F., Folke, C., eds., *Linking Social and Ecological Systems: Management Practices and Social Mechanisms for Building Resilience*, Cambridge University Press, 1998.

[18] Rose, A., "Economic Resilience to Natural and Man-made Disasters: Multidisciplinary Origins and Contextual Dimensions," *Environmental Hazards*, 2007 (4).

[19] Foster, K. A., *A Case Study Approach to Understanding Regional Resilience*, IURD Working Paper, No. 8, 2007.

[20] Hill, E., Wial, H., Wolman, H., *Exploring Regional Economic Resilience*, UC Berkeley: Institute of Urban and Regional Development, 2008.

[21] James, S., Ron, M., "The Economic Resilience of Regions: Towards an Evolutionary Approach," *Cambridge Journal of Regions, Economy and Society*, 2010 (1).

[22] Martin, R., "Regional Economic Resilience, Hysteresis and Recessionary Shocks," *Journal of Economic Geography*, 2012 (1).

[23] Martin, R., Sunley, P., "Path Dependence and Regional Economic Evolution," *Journal of Economic Geography*, 2006 (4).

[24] Jacobs, J., *The Economy of Cities*, New York: Vintage Books, 1969.

[25] Bourdieu, P. "Le Capital Social: Notes Provisoires," *Actes de la Recherche en Siences Sociales*, 1980 (31).

[26] Coleman, J., *Foundations of Social Theory*, Cambridge: Harvard University Press, 1990.

[27] Putnam R. D., *Making Democracy Work: Civic Traditions in Modern Italy*, Princeton University Press, 1993.

[28] Hassink, R., "Regional Resilience: A Promising Concept to Explain Differences in Regional Economic Adaptability?" *Cambridge Journal of Regions, Economy and Society*, 2010 (1).

（文字编辑：李桐）

Shenzhen-Hong Kong Integrated Development and Regional Economic Resilience

Tao Yitao

（China Center for Special Economic Zone Research, Shenzhen
University, Shenzhen, Guangdong, 518060）

Abstract：This paper analyses the development of Shenzhen-Hong Kong integration and the formation of its institutional performance from the perspective of institutional economics, attempting to situate institutional performance within the context of regional economic resilience. Regional economic resilience refers to the resilience possessed by a specific region or regional community to prevent and resist various risks in the face of various external and internal environmental changes, and to adjust policies in a timely and flexible manner to open up new development paths. This paper analyzes the formation mechanism of regional economic resilience from four dimensions: regional industrial structure, social capital, policy, and institutional environment, and cultural factors. And draws the following conclusion: regional industrial structure, social capital, policy, and institutional environment, and cultural factors all promote regional economic resilience with the function of "institutional capital" at different levels and degrees. Judging from the characteristics of the industrial structure of Shenzhen and Hong Kong, the integrated development of Shenzhen and Hong Kong will enhance the regional economic resilience as a whole with the advantages of their respective industrial structures; from the perspective of the socio-cultural capital and human capital structure of Shenzhen and Hong Kong, the regional economic resilience will be enhanced by strengthening the potential benefits of the socio-cultural capital; and from the perspective of the degree of convergence of the social capital of Shenzhen and Hong Kong, the regional economic resilience of Guangdong-Hong Kong-Macau Greater Bay Area will be enhanced by the institutional strength of the social capital. The formation and construction of the Guangdong-Hong Kong-Macao Greater Bay Area have an institution's essential functions and attributes on the one hand and the special significance of institutional innovation on the other. The integrated development of Hong Kong and Shenzhen takes the path of high-level rule convergence and institutional alignment in the business environment, which not only enhances the quality of the Guangdong-Hong Kong-Macau Greater Bay Area's institutional environment but also promotes Hong Kong's genuine integration into the overall layout of the motherland's construction.

Keywords: Regional Economic Resilience; Guangdong-Hong Kong-Macao Greater Bay Area; Institutional Capital; Shenzhen-Hong Kong Integrated Development

化解生态质量与经济增长矛盾的深圳路径

袁易明*

（深圳大学中国经济特区研究中心　广东　深圳　518060）

摘　要： 本文从经济增长和生态质量关系出发研究深圳发展路径，提出特定发展阶段存在经济增长与生态质量替代关系的内在假设，通过对发展中国家典型案例的事实分析，揭示二者替代关系成立，进而得出发展中国家广泛面临经济增长与生态质量的两难选择。通过运用实践—成效—经验路径范式，建立深圳实践、实践创造发展成就、发展成就产生一般性可借鉴路径的逻辑分析结构。本文认为，深圳路径启示价值在于：适度前瞻的产业结构调整战略、坚定的低碳路径选择、敢为人先的体制机制构建、有为有位的政府治污限排、科学理性的生态文明布局。

关键词： 经济特区　生态质量　经济增长

一　引言

人类社会始终面临发展继发性难题：落后国家寻求经济腾飞和持续高速增

---

* 袁易明，深圳大学中国经济特区研究中心教授、博士生导师，深圳市汉仑绿色发展研究院院长。

长秘方。而在进入经济增长轨道后，很快又面临另外一个困局：经济活动在消耗大量环境要素的同时向环境排放污染物质。随着环境质量的蚀耗和污染物质排放增加，环境系统通过扩散、稀释、氧化还原、生物降解等方式降低污染物质浓度和毒性的自净机制已经难以发挥作用，由此污染物开始直接进入大气、水、土壤，引起大气污染、水土流失、土壤沙化、草原退化、森林资源锐减、生物物种加速灭绝等典型生态环境问题。

发展中国家的道路追求是不破坏生态的经济增长，但由于面临资金匮乏、技术水平落后等问题，这样的理想道路难以走通。经济腾飞及之后对生态环境质量的强调会使发展中国家不堪重负，甚至危及经济发展，而发展经济是生存所必需，由此发展中国家只能长期面临环保和发展双重挑战，面临是物质财富多一点、生态质量低一些还是生态质量高一些、经济增长慢一些的抉择。几乎所有的国家都经历过或者正在经历经济增长与生态质量的两难选择，陷入两难困境。

国际上，众多国家努力探索过跨越生态质量与经济增长间鸿沟的实践路径，也在致力于构建生态文明增长范式所需要的理论。但至今，环境治理所涉及的经济、社会等领域深层次矛盾并未得到解决。

二　经济增长与生态质量矛盾的国际证据

生态质量与经济增长的矛盾是众多腾飞经济体难以回避的现实难题，大多数发展中国家存在程度不同的类似现象，经济快速发展伴随生态破坏的加剧。印度、越南、菲律宾是 3 个已迈入经济快速增长阶段的国家，随着它们人均GDP 的增长，生态环境破坏程度也随之加深。

无论是以印度、越南和菲律宾为代表的腾飞经济体，还是以泰国、巴西和南非为代表的中等收入国家，均存在经济发展与生态环境发展的互动关联过程，生态环境与经济增长间的关系表现为矛盾性甚至是尖锐的矛盾性。究其原因，是长期以来在追求工业经济发展过程中对环境问题的认识不够和经济发展的副作用，或者是为大量吸引外资造成国外高污染、高排放的落后产能大量涌入，抑或是追求经济增长导致生态资源过度消耗，催生二者间的矛盾。尽管这些经济体在面对生态质量与经济增长矛盾时都做出过努力，比如调整经济发展策略、加强环境治理等，但是由于经济基础差、技术水平有限、资源环境条件不佳等因素限制，经济增长与生态质量之间的矛盾并未得到有效解决。

（一）印度

1947 年，印度独立，并于 1991 年通过全国经济改革实现经济腾飞。受当时国际情况影响，拉奥政府摒弃以政府干预为主要手段的经济发展模式，全面提升市场开放自由度，改革涉及工业、服务业、对外贸易、政府财政等多个方面。改革后，印度的经济低速增长状况明显改善，摆脱了"低增长综合征"[①] 的困扰，迈入快速增长阶段，其高速发展成就在国民生产总值（GDP）、对外贸易、吸引外资等方面得到全方位体现。

从 GDP 看，1961～1990 年（经济改革前），印度 GDP 从 370.3 亿美元增长至 3209.79 亿美元，年均增速为 7.73%，低于同期全球 GDP 增速（9.97%）2.24 个百分点。1991 年印度经济改革后的 30 年时间里，其经济增长状况有了明显改善，GDP 从 1991 年的 2701.05 亿美元增长至 2020 年的 26602.45 亿美元，年均增速达 8.21%，是同期全球 GDP 增速（4.49%）的 1.8 倍，且明显高于经济改革前 30 年（1961～1990 年）的年均增速。

1991 年以来，印度不断寻求突破，一改以往相对封闭的国际贸易状况，积极融入全球贸易发展进程。1960～1990 年，印度商品进出口总额长期维持低水平，占 GDP 比重处于 10% 以下，对经济增长的支撑力度十分有限。1991 年经济改革后，印度政府进行大规模的进出口政策调整，逐步取消进出口数额限制，并为符合资格的企业主体免除进口关税许可证，此举给予外贸进出口企业强大的扶持，并成功推动商品进出口贸易额快速增长，使对外贸易成为印度国民经济收入的重要支柱。在印度全面实施经济改革的次年，其商品进出口总额占 GDP 比重首次实现突破 15% 的重要成就，改革效果立竿见影，此后的近 30 年（1991～2020 年），印度商品进出口总额占 GDP 比重的平均值为

---

① 印度自独立到 20 世纪 70 年代末，国内经济年均增长率仅为 3.5%，出现了"低增长综合征"现象。

26.53%，是印度经济改革前 30 年（1960～1990 年）均值的 2.7 倍。

从吸引外资情况看，拉奥政府的经济改革打通了国内外市场的连接渠道，印度市场需求得到充分释放，外国投资者对印度市场产生了浓厚的投资兴趣。1970～1990 年（经济改革前），印度外国直接投资净流入量占 GDP 比重始终低于 0.10%，年均增速仅为 8.60%，远低于同期的全球平均水平。1991 年拉奥政府进行经济改革后，印度的外国直接投资净流入量迅速提升，从 1991 年的 0.74 亿美元增长至 2020 年的 643.62 亿美元，年均增速高达 26.29%，占 GDP 比重从 1991 年的 0.03% 提升至 2020 年的 2.42%，实现了近 81 倍的增长成就。

能源支撑了印度经济的高速增长。2015 年，印度一次能源①消耗量达 28.68 艾焦，首次超越俄罗斯成为世界第三大能源消耗国，此后，印度的一次能源消耗量稳居世界前三。发展至 2020 年，印度一次能源消耗量增长至 31.98 艾焦，仅次于中国（145.46 艾焦）与美国（87.79 艾焦）。

从能源消耗量增长速度看，2010～2020 年，印度一次能源消耗量年均增速高达 3.59%，增速居全球第 8 位，是全球同期增速（0.97%）的 3.7 倍，较中国同期增速高出 0.21 个百分点，较美国同期增速高出 4.16 个百分点。可见，印度能源消耗已然呈现显著的高增长特征。

印度经济的快速增长需要大量的煤炭能源投入，因此其碳排放强度逐年升高，已经迈入全球前列。就现阶段而言，无论是煤炭消费总量还是全球占比，印度仍无法有效扭转高速增长的趋势。从总量规模看，印度碳排放量从 2010 年的 1652.1 百万吨增长至 2020 年的 2302.3 百万吨（见表1），排放总量在近 10 年处于全球第 3 位，占全球碳排放总量的比重达 7%，仅次于中国（30.66%）与美国（13.81%）。从增长速度看，2010～2020 年印度碳排放量年均增速高达 3.37%，居全球第 10 位，是全球增速的 11 倍，且明显高于中国、美国的同期增速。从目前增长趋势来看，印度仍将深受碳排放量居高不下问题的困扰。

随着经济快速增长，印度的生态环境恶化问题愈演愈烈，现阶段在大气污染、能源消耗、碳排放等方面已遭遇尖锐问题。恶劣的生态环境不仅对印度公众的身体健康构成了极大的威胁，给印度公共卫生服务带来了巨大的压力，也

① 一次能源包括进行商业交易的燃料，包含用于发电的现代可再生能源。

成为阻碍印度经济可持续发展的重大隐患。

根据瑞士空气质量技术公司 IQAir 公布的《2021 年全球空气质量报告》，现阶段印度的空气污染状况堪忧。2018～2021 年，印度的 $PM_{2.5}$ 平均浓度均保持在 $50\mu g/m^3$ 以上（见表2），是世界卫生组织（WHO）指导值[①]的 10 倍，其污染程度在评测年份中一直处于全球前五，是全球大气污染最严重的国家之一，且印度全国没有一个城市达到 WHO 的标准。

《2021 年全球空气质量报告》还指出，在全球空气污染最严重的 100 个评测城市中，来自印度的城市占比高达 63%，位居全球各国之首。其中，印度首都新德里连续 4 年成为世界上污染最严重的首都城市，污染水平同比增长率高达 15%，其 $PM_{2.5}$ 平均浓度（$96.4\mu g/m^3$）比 WHO 的指导值高近 20 倍。2021 年，新德里空气质量"差"到"严重"的天数为 168 天，高于 2020 年的 139 天，同比激增 21%。

表1　2010～2020 年印度碳排放量情况

单位：百万吨，%

国家	2010 年	2011 年	2012 年	2013 年	2014 年	2015 年	2016 年	2017 年	2018 年	2019 年	2020 年	年均增速
印度	1652.1	1730.0	1844.5	1930.2	2083.8	2151.9	2243.2	2324.7	2449.4	2471.9	2302.3	3.37
全球总计	31291.4	32172.5	32504.0	33071.2	33140.7	33206.1	33361.9	33726.9	34351.1	34356.6	32284.1	0.31

资料来源：世界银行数据库。

表2　2018～2021 年全球 PM2.5 浓度排名前十国家一览

单位：$\mu g/m^3$，人

排名	国家/地区	$PM_{2.5}$ 浓度				人口总数
		2021 年	2020 年	2019 年	2018 年	
1	孟加拉国	76.9	77.1	83.3	97.1	164689383
2	乍得	75.9				16425859
3	巴基斯坦	66.8	59.0	65.8	74.3	220892331
4	塔吉克斯坦	59.4	30.9			9537642

---

① 世卫组织于 2021 年 9 月将可接受的细颗粒物（$PM_{2.5}$）浓度标准设定为 $5\mu g/m^3$。

排名	国家/地区	PM$_{2.5}$浓度				人口总数
		2021 年	2020 年	2019 年	2018 年	
5	印度	58.1	51.9	58.1	76.9	1380004385
6	阿曼	53.9	44.4			5106622
7	吉尔吉斯斯坦	50.8	43.5	33.2		6524191
8	巴林	49.8	39.7	46.8	59.8	1701583
9	伊拉克	49.7				40222503
10	尼泊尔	46.0	39.2	44.5	54.1	29136808

资料来源：《2021 年全球污染最严重的国家和地区——PM$_{2.5}$浓度排名》。

（二）越南

全面实施革新开放以来，越南国民经济有了质的飞跃，2020 年越南人均 GDP 增速位列全球第 6，与 1985 年相比，实现了近 27 倍的增长。但是，越南出色的经济发展成就是以牺牲生态环境为代价换来的，虽然大量吸纳国际产能转移推动越南经济快速发展，但由此引发的环境污染问题也日益严重。对于现阶段的越南而言，经济增长与生态质量的矛盾是无法调和的，这给越南未来的经济发展埋下了隐患。

1986 年革新开放后，越南的营商环境得到明显改善，来自日本、新加坡、韩国的投资者纷纷进入越南投资建设。由此，越南的外国直接投资净流入量迅速增长，从 1986 年的 0.0004 亿美元增长至 2020 年的 158 亿美元，年均增速高达 46.09%，整体增长幅度更是达到了约 40 万倍。可见，实施革新开放的正确战略选择令越南的外国直接投资创造了令人瞩目的"增长奇迹"。

近年来，越南经济发展仍在不断取得重大突破。越南政府关于 2016～2020 年社会经济增长的报告显示，2016～2019 年越南的年均经济增长率为 6.8%。

高速的经济增长加大了越南社会对自然资源的需求，导致自然资源开发无度、工业排放过量等生态环境破坏行为频频发生。越南国家经济大学经济与环境学院副院长称，越南环境污染每年造成 GDP 损失达 5%，而且该比例还在上升。[①]

越南的海洋生态资源成为受破坏的"重灾区"。越南实施革新开放后，全国

---

① 吕余生主编《越南国情报告（2011）》，社会科学文献出版社，2011。

森林覆盖面积呈现明显的下降趋势，每年损失森林约 200 平方公里。① 以 2016 年越南九龙江平原大规模海水倒灌事件为例，正是森林资源的过度开发，导致海水倒灌进入九龙江平原，致使当地农业用地盐碱度严重失衡，农作物大量减产，损失金额估计超 2 亿美元。与此同时，由于海洋渔业技术落后，渔业从业者仍采用"炸鱼""毒鱼"等方式进行捕捞，海藻、珊瑚等大量海洋资源遭受严重破坏。

在大气污染方面，越南工业废气污染情况十分严重。生产设备老旧、废气处理装置尚未普及以及工业废气偷排乱排等种种乱象，不断加剧越南的空气污染。瑞士 IQAir 公司的统计结果显示，2018～2021 年越南 $PM_{2.5}$ 浓度平均值高达 $29.93\mu g/m^3$，超出 WHO 指导值 5 倍以上，在全球 117 个国家和地区的 $PM_{2.5}$ 浓度排名中位列第 36，空气污染严重程度在全球属于中上水平。

值得注意的是，碳排放强度的高速增长进一步加剧越南空气污染状况。世界银行数据显示，越南人均碳排放量从 1990 年的 0.27 吨增长至 2018 年的 2.70 吨，增长了 10 倍，年均增速高达 8.57%（见图 1），位列全球第 3，是全球同期增速（0.49%）的 17.5 倍。

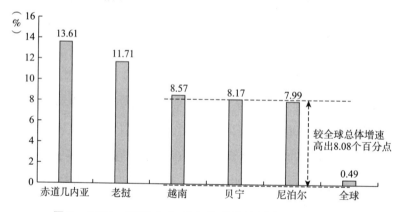

图 1 1990～2018 年全球人均碳排放量年均增速前五
资料来源：世界银行数据库。

尽管造成印度、越南等腾飞经济体生态环境破坏的原因不尽相同，但经济增长与生态质量之间的矛盾特征高度相似，即经济快速增长伴随生态环境的破坏，这一突出矛盾长期无法得到有效解决。

---

① 〔越〕黎氏娥（LE THI NGA）：《越南革新开放以来的生态问题研究》，硕士学位论文，东北财经大学，2017。

三 深圳经济增长与生态质量的协同

1993 年，Panayotou 借用库兹涅茨曲线将环境质量与人均收入间的关系表示为环境库兹涅茨（EKC）曲线。当一个国家或地区经济发展水平较低的时候，环境污染的程度较轻，但是随着人均收入的增加，环境污染逐渐加剧，即环境恶化程度随着经济增长而加深；当经济发展到一定水平时，即到达某个临界点（或称"拐点"）以后，随着人均收入的进一步增加，环境污染程度又会由高转低，环境质量逐渐得到改善。EKC 曲线所处的阶段在一定程度上表现生态质量与经济增长的协调程度。

深圳市总用水量、总能耗 EKC 曲线已经到达拐点，正处于随人均 GDP 增长而下降的阶段，表明目前深圳经济增长对水资源、能源的依赖开始减少，生态质量与经济增长开始趋于协同。

（一）资源能源消耗与经济增长

2011～2021 年，深圳市总用水量 EKC 曲线于 2019 年迎来拐点。2014 年开始深圳市总用水量随人均 GDP 的增加连续攀升，到 2019 年深圳市总用水量已增至 21.06 亿立方米（见图 2），随后转为逐年下降态势，按照目前的发展趋势，深圳市总用水量将持续降低。

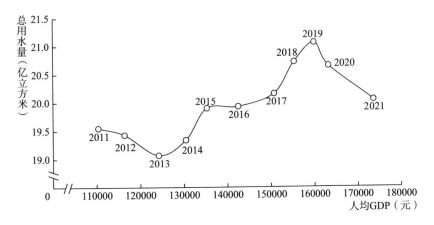

图 2　2011～2021 年深圳市总用水量 EKC 曲线

资料来源：根据《中国城市统计年鉴》《中国城市建设统计年鉴》数据计算整理。

2011~2021 年，深圳市总能耗 EKC 曲线于 2019 年迎来拐点。2012 年，深圳市总能耗为 3507.01 万吨标准煤，且随人均 GDP 的增加持续上升；2019 年，深圳市总能耗为 4534.14 万吨标准煤，到达拐点（见图 3），随后转为逐年下降，按照目前的发展趋势，深圳市总能耗会保持稳步下降的态势。

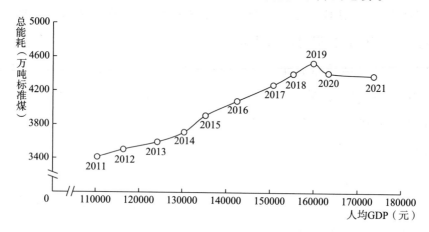

图 3 2011~2021 年深圳市总能耗 EKC 曲线

资料来源：根据《中国城市统计年鉴》《中国城市建设统计年鉴》数据计算整理。

（二）经济增长对环境影响的变化

1. 大气污染的改变

随着人均 GDP 的增加，深圳工业废气排放量有所增长，但增速已经逐年放缓；同时，工业二氧化硫排放量、工业氮氧化物排放量、空气中可吸入颗粒物已经随人均 GDP 增加出现下降态势。可见，深圳经济增长与主要大气污染物排放已经出现"脱钩"迹象，工业废气排放也即将到达拐点，随着经济增长预计会出现下降趋势。随着人均 GDP 的增加，工业污水排放量、污水处理总量已经出现缓慢下降态势。可见，深圳水污染排放已经到达拐点，随着人均 GDP 的增长预计水污染排放量会出现持续下降趋势。虽然一般工业废弃物量随着人均 GDP 的增加仍处于持续上升态势，但深圳生活垃圾防治初见成效，2019 年开始生活垃圾清运量随着人均 GDP 的增加呈现下降态势。可见，深圳经济增长已与生活垃圾、工业垃圾排放呈现"脱钩"迹象。

从 2011～2021 年深圳市工业废气排放量 EKC 曲线看，2012 年起深圳市工业废气排放量呈现随人均 GDP 增加而逐步增加的趋势（见图 4），按照目前的发展趋势，近期深圳市工业废气排放量仍将随着人均 GDP 的增加而增加，增长趋势可能暂时无法得到抑制。

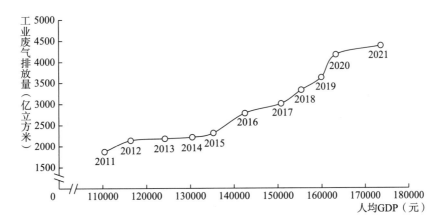

图 4　2011～2021 年深圳市工业废气排放量 EKC 曲线

资料来源：根据《中国城市统计年鉴》《中国城市建设统计年鉴》数据计算整理。

从 2011～2021 年深圳市工业二氧化硫排放量 EKC 曲线看，2012 年深圳市工业二氧化硫排放量达到顶峰，迎来拐点，2013 年起深圳市工业二氧化硫排放量随人均 GDP 增加而逐步减少（见图 5），按照目前的发展趋势，深圳市工业二氧化硫排放量将继续呈现随着人均 GDP 增加而减少的趋势。

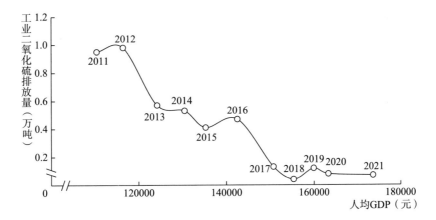

图 5　2011～2021 年深圳市工业二氧化硫排放量 EKC 曲线

资料来源：根据《中国城市统计年鉴》《中国城市建设统计年鉴》数据计算整理。

从 2011～2021 年深圳市工业氮氧化物排放量 EKC 曲线看，2012 年起深圳市工业氮氧化物排放量随人均 GDP 增加而逐年稳步递减（见图6），按照目前的发展趋势，深圳市工业氮氧化物排放量将继续呈现随着人均 GDP 增加而减少的趋势。

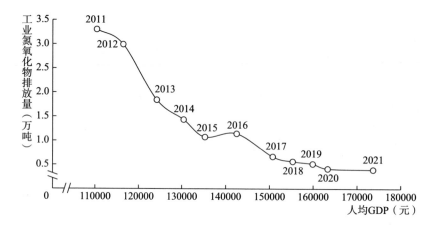

图6 2011～2021 年深圳市工业氮氧化物排放量 EKC 曲线

资料来源：根据《中国城市统计年鉴》《中国城市建设统计年鉴》数据计算整理。

从 2011～2021 年深圳市空气中可吸入颗粒物日均值 EKC 曲线看，2013 年深圳市空气中可吸入颗粒物日均值达到顶峰，迎来拐点，2014 年起深圳市空气中可吸入颗粒物日均值随人均 GDP 增加而逐步减少（见图7），按照目前的发展趋势，深圳市空气中可吸入颗粒物日均值将持续降低。

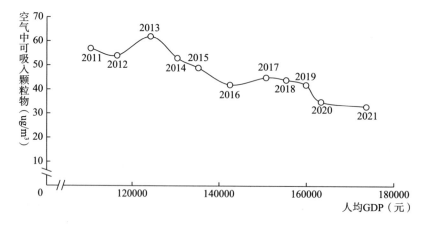

图7 2011～2021 年深圳市空气中可吸入颗粒物日均值 EKC 曲线

资料来源：根据《中国城市统计年鉴》《中国城市建设统计年鉴》数据计算整理。

2. 经济增长中的水污染排放

从 2011～2021 年深圳市工业污水排放量 EKC 曲线看，2019 年深圳市工业污水排放量达到顶峰，迎来拐点，2020 年起深圳市工业污水排放量随人均 GDP 增加而逐步减少（见图 8），按照目前的发展趋势，深圳市工业污水排放量将持续降低。

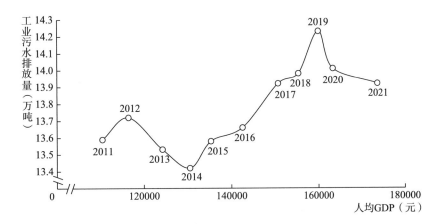

图 8　2011～2021 年深圳市工业污水排放量 EKC 曲线

资料来源：根据《中国城市统计年鉴》《中国城市建设统计年鉴》数据计算整理。

从 2011～2021 年深圳市污水处理总量 EKC 曲线看，2019 年深圳市污水处理总量达到顶峰，迎来拐点，2020 年起深圳市污水处理总量随人均 GDP 增加而缓慢递减（见图 9），按照目前的发展趋势，深圳市污水处理总量将继续呈现下降态势，但不排除恢复上升的可能。

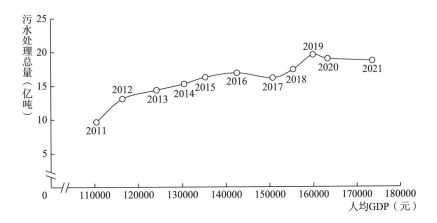

图 9　2011～2021 年深圳市污水处理总量 EKC 曲线

资料来源：根据《中国城市统计年鉴》《中国城市建设统计年鉴》数据计算整理。

3. 经济增长中的固体废弃物排放

从2011～2021年深圳市一般工业固体废弃物量 EKC 曲线看，2011～2015年一般工业固体废弃物量呈波动下降趋势，2015 年一般工业固体废弃物为124.63 万吨，从2016 年开始随着人均 GDP 的增加，一般工业固体废弃物量呈现持续上升态势（见图10），可以看出尚未出现"脱钩"迹象。

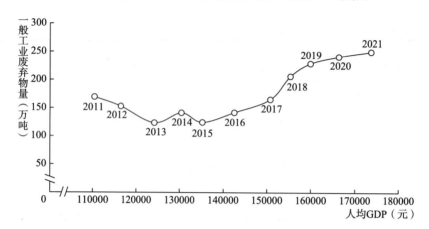

图 10　2011～2021 年深圳市一般工业固体废弃物量 EKC 曲线

资料来源：根据《中国城市统计年鉴》《中国城市建设统计年鉴》数据计算整理。

从2011～2021年深圳市生活垃圾清运量 EKC 曲线看，生活垃圾清运量从2011 年的482 万吨增长至2019 年的760 万吨，并于2019 年迎来拐点，2020 年开始生活垃圾清运量随着人均 GDP 的增加逐年下降（见图11）。

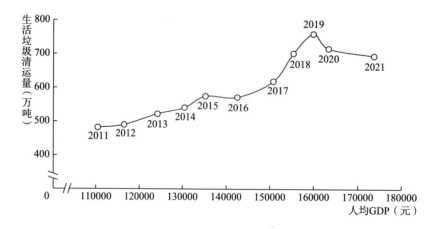

图 11　2011～2021 年深圳市生活垃圾清运量 EKC 曲线

资料来源：根据《中国城市统计年鉴》《中国城市建设统计年鉴》数据计算整理。

四 深圳路径：实现生态质量与经济增长由矛盾到协同

深圳作为走出生态质量与经济增长矛盾困境的样板，对国内目前仍深陷生态质量与经济增长矛盾的城市具有示范引领作用。深圳已形成将生态文明建设融入经济建设、制度建设、文化建设以及社会建设的全方位体系，探索出了对国内其他城市实现生态质量和经济增长协同发展有启示价值的"深圳路径"，具体包括以下内涵。

（一）创新生态经济治理模式

肩负经济社会发展和生态文明建设双重使命，势必面对城市建设的更高要求与更为尖锐的实际问题，这就是发展"＋生态"向"生态＋"发展转化的关键。所谓"＋生态"战略就是通过划定生态保护红线，提升林、水、湿地等生态资源比重，通过强化生态网络、生态节点建设以及实施系统性生态修复工程等，不断厚植生态基础，在自然生态意义上做到世界级水准；而"生态＋"战略致力于提升人口活力、培育创新产业体系、提升全域环境品质等，在经济发展、宜居品质、资源利用等方面探索生态文明发展新路径，彰显生态价值。

深圳国际低碳城案例揭示了"生态＋"全方位治理能力提升的成功要素和可复制条件，将低碳城市规划设计、低碳建筑、低碳交通、低碳能源、低碳公共意识和行为方式融会贯通，打破传统的新建区域"孤岛"模式，注重产业功能、空间功能、城市功能，有别于其他的"生态城"。从项目起源看，深圳国际低碳城建设背后有城市经济发展战略的考量，也是在低碳领域探索国际合作的一个重要成果；从管理与保障看，由于涉及生态敏感区内的城市更新项目，因此设立低碳更新专项资金，保障公共利益的落实和生态本底的维系，并以专项资金发挥杠杆作用撬动社会资本参与；从前沿技术领域看，强调最新的低碳技术研发与应用，吸引国际上有实力的以及国家级低碳技术研发中心落户；从产业选择看，强调新进入的产业要有更高的低碳标准，形成以低碳排放为特征的产业体系，推动"低碳—高增长"发展模式成为现实，注重碳核查、碳审计、碳足迹、碳金融、碳交易"一条龙"碳产业链综合配套；从低碳更新模式看，积极推动建筑高质量地区在现有基础上的功能改变和综合整治，以重大项目建设和选址为依托，拆除或重建低质量、低强度地区，对高密度建筑进行技术性节能整治，对低密度建筑进行功能性置换改造，最终更新为低碳文化创意建筑、低碳产品专业市场以及低碳公寓；从多方主体参与看，在社区、企业、家庭、个人间建立一系列激励机制，撬动多方主体参与热情，启动"十百千万示范工程"，即10个低碳示范社区、100个低碳示范企业、1000个低碳示范家庭、10000个低碳示范个人；从区域联动看，深圳国际低碳城在深莞惠一体化发展格局下有条件成为发展主轴线上的重要产业功能区，其建设不仅符合全球环保理念，还为全国各城市产业低碳转型升级提供示范，创立和巩固深圳在全国乃至国际范围内发展低碳经济的先行地位。

面对前进中的困难、发展中的矛盾，深圳坚定自信、保持定力、改革创新、寻求突破。按照"一张蓝图绘到底、一件事情接着一件办、一年接着一年干"的原则，合理使用行政手段、善于利用市场化手段、恰当行使法律手段、充分利用科技手段、巧妙运用区域联动手段，推进"全区域管控、全方位定标、全过程植入、全域性铺开、全社会参与、全周期维护、全链条培育"生态质量与经济增长协同发展全方位治理模式，跑出"生态＋"深圳发展加速度。

（二）建立并发挥制度功能

世界上许多国家包括一些发达国家，经历过"先污染后治理"，在发展过程中把生态环境破坏了，而要进行生态修复，成本比当初创造的财富还要多。在我国，有一些地方、一些流域，没有处理好经济发展同生态环境保护的关系，以无节制消耗资源、破坏环境为代价换取经济发展，导致能源资源问题、生态环境问题越来越突出，经济社会发展不可持续。人类的生活和生产不能没有清新的空气、清洁的水和肥沃的土壤。拯救被破坏的资源，恢复其使用价值，清除对空气和水的污染，治理已破坏的土地，需要付出巨大的经济代价和社会劳动。其实，当前环境治理中存在的很多问题恰恰缘于生态文明制度体系不够健全、完备与系统化。传统环境保护存在"要素式、环节式、领域式"管理特点，在环境要素、环境领域对象的管理上存在分散化缺陷；在环境部门的管理上存在职能交叉、重叠、冲突或脱节等问题，如环境影响评价、总量核查、执法等职能部门各执一端；在环境问题的解决上，存在短期性和暂时性缺陷，缺乏贯穿始终的"过程式管理"，缺乏对环境治理效果和生态修复结果的后继监督和追加评价。

鉴于此，深圳在生态系统生产总值（GEP）核算制度、生态控制线管理制度、生态补偿制度、生态修复制度等方面，率先实践、率先探索，以制度创新平衡生态目标与增长理性。

建立 GEP 核算制度，深圳率先转变观念，不再一味地以 GDP 增长率论英雄，试点实施 GDP 与 GEP 核算"双轨制"。把资源消耗、环境损害、生态效益等指标纳入评价考核体系，建立体现生态文明要求的目标体系、考核办法、奖惩机制，把生态环境质量放在经济社会发展评价体系的突出位置，并成为推进生态文明建设的重要导向和约束条件。在生态控制线管理制度方面，深圳紧跟形势变化，从健全基本生态控制线共同管理机制、完善基本生态控制线内各类信息统计调查机制、建立基本生态控制线分区管制制度、制定基本生态控制线内新增建设活动管理和动态优化调整制度等方面推进生态控制线管理制度改革，不仅推动管理职责分工清晰化、摸清家底为后续精细化管理提供有力支撑，而且向建立健全精细化、差异化城市生态空间分级管理制度的目标迈进了一大步，很好地处理了保护与发展的关系。在生态补偿制度方面，深圳根据生态系统服务价值、生态保护成本、发展机会成本，综合运用行政手段和市场手段，调整生态环境保护和建设相关方的利益关系，按照新时代生态补偿机制的新要求，先后在大鹏半岛、深圳水库核心区稳步推进生态补偿试点，并取得了良好发展成效。在生态修复制度方面，深圳开展全方位、全地域、全过程生态保护修复，运用现代生态学、资源经济学、环境科学理论和方法，在更好地利用自然资源的同时，深入认识和掌握污染和破坏生态环境的根源与危害，有计划地保护生态环境，预防生态环境质量恶化，控制生态环境污染，促进人类与生态环境协调发展。

（三）政府发挥正确作用

随着社会主要矛盾的转变，主要任务与发展目标也要随之调整。当前，人民群众对清新的空气、蔚蓝的天空等优质生态产品的需求正在加速扩大，这就要求我们着力解决土壤污染、空气污染、水污染等生态环境问题。绝大多数生态环境问题属于公共领域，如果政府不加管制，企业不会自发、自愿承担排放污染物对环境造成损害的责任，也不会主动采取污染防治与治理措施，进而难以有效制止对生态环境的破坏和污染。因此，环境污染问题很难在市场自发调节下得到有效解决，需要以政府为主导，通过宏观调控手段解决市场失灵问题。

蓝天、绿水、垃圾处理及噪声管理是一项社会工程、系统工程、文明工程、基石工程，具有明显的公共产品属性，容易产生"公地悲剧"。因此，在提供优势生态环境产品的过程中，不能操之过急，也不能长久等待，必须引入全生命周期系统性思维方式，探索通过多方合力解决生态环境产品供给中的市场失灵问题。供给高质量生态环境产品是一项事务性工作，具有广泛性特征，需要因地制宜且简便易行。在推进生活垃圾分类过程中，深圳根据市民生活习惯、垃圾成分、末端处置设施等城市发展实际，让广大市民在最短的时间里懂得为何分、怎么分。供给高质量生态环境产品是一项责任性工作，具有艰巨性特征，需要人人担责且强制落实。在解决生活噪声问题上，深圳将抓责任落实作为关键，规避责任落实真空地带与"越俎代庖"。供给高质量生态环境产品是一项社会治理工作，具有复杂性特征，需要政府推动、企业参与、社会协同。在推进水污染治理方面，深圳推动"民间河长"与"官方河长"形成良性互动，凝聚多方主体合力抓住水污染防治的"牛鼻子"。供给高质量生态环境产品是一项长期工作，具有持久性特征，需要重在行动、贵在坚持。在推进空气质量优化提升方面，深圳以盐田为试点持续开展碳币交易，将经济利益驱动与制度约束有效结合，引导大众观念实现从"不关我事""我不管"向"我要管""我管好"的根本转变。

切实解决生态环境保护的矛盾与问题，是一项长期而艰巨的任务；生产建设和生态平衡之间的关系是否协调，是经济建设中的战略性问题。深圳深刻认识保护生态环境的重要性，在发展生产的过程中搞好生态环境保护，在保护生态环境的同时促进生产发展，实现生态环境效益与经济效益的统一，在社会主义现代化建设中，为人民创造一个美好的环境。一方面，将绿色发展作为转变经济发展方式的重要手段，作为推进生态文明建设的根本措施，壮大绿色环保产业，加快解决风、光、水电消纳问题，加大城市污水管网和处理设施建设力度，促进资源节约和循环利用，多管齐下，彻底整治环境污染。另一方面，努力提高生态文明水平，切实解决影响科学发展和损害群众健康的突出环境问题，加强体制机制创新和能力建设，深化主要污染物总量减排，努力改善环境质量，防范环境风险，全面推进环境保护历史性转变，积极探索代价小、效益好、排放低、可持续的环境保护新路，加快建设资源节约型、环境友好型社会。

（四）构筑有效市场机制

虽然宏观调控可以解决市场失灵、公共产品供给等问题，但是市场自发调节才是解决矛盾的有效、持续手段。单一或过度依赖宏观调控手段解决经济增长过程中的环境问题，势必会受制于资金、理念、技术等因素，使治理效果无法达到预期目标。深圳在环境治理过程中，采取政府支持和社会资本合作的方式，充分发挥市场在资源配置中的决定性作用，实现了"专业人做专业事"，推动生态质量与经济增长关系的稳态维持。深圳已录入全国PPP项目信息监测服务平台重点推进的项目中，有3项与生态环境相关。深圳市光明新区海绵城市建设PPP试点项目，属于新建和存量类PPP项目，项目总投资158200万元，采用竞争性谈判方式选择社会资本方，要求社会资本方与政府出资代表联合组建的项目公司实缴注册资金5亿元，其中社会资本方出资51%即2.55亿元，光明新区管委会委托新合并组建的深圳市光明新区建设发展集团有限公司代政府出资49%即2.45亿元。同时，光明新区财政统筹安排2亿元直接补贴，用于光明新区水质净化厂改扩建工程。剩余资金由项目公司通过银行贷款、股东借款等途径筹集。光明环境园PPP项目，属于新建类PPP项目，项目总投资70819.12万元，拟建设1000吨/日的餐厨垃圾处理设施，配建各100吨/日的废旧家具、绿化垃圾处理设施，配建1500平方米的生活垃圾强制分类科普教育基地，采用BOT运作模式，以可行性缺口补助为回报机制。固戍水质净化厂二期项目，属于新建类PPP项目，项目总投资146191.73万元，采用公开招标方式选择社会资本方，在项目建设与运营阶段政府出资7926.904万元、社会资本方出资31707.616万元，回报机制为完全政府付费，项目选址位于宝安区西乡街道，建设规模为32万吨/日，出水水质主要指标达到《地表水环境质量标准》IV类标准。

深圳路径的产生意味着出现了一个化解生态质量与经济增长矛盾的经验，深圳路径的核心要义在于有效诠释生态质量与经济增长协同发展"为何、为谁"的根本动因，明确生态质量与经济增长协同发展"谁来干、怎样干"的方式方法，解答生态质量与经济增长协同发展"是什么、干什么"的价值属性。

参考文献

［1］吕余生主编《越南国情报告》，社会科学文献出版社，2011。

［2］〔越〕黎氏娥（LE THI NGA）：《越南革新开放以来的生态问题研究》，硕士学位论文，东北财经大学，2017。

［3］〔日〕坂井宏光等：《泰国的环境保护与环境技术转让》，《南洋资料译丛》2000年第1期。

［4］车秀珍等：《以制度创新推动绿色发展：生态文明建设考核深圳模式的创新与实践》，科学出版社，2019。

［5］车秀珍、邢诒、陈晓丹主编《深圳生态文明建设之路》，中国社会科学出版社，2018。

［6］陈文：《越南经济发展中的环境问题》，《东南亚纵横》2003年第8期。

［7］Zinda, J. A., He, J., "Ecological Civilization in the Mountains: How Walnuts Boomed and Busted in Southwest China," *The Journal of Peasant Studies*, 2020 (5).

［8］Avilés, L. A., "Sustainable Development and Environmental Legal Protection in the European Union: A Model for Mexican Courts to Follow?" *Mexican Law Review*, 2014 (2).

［9］Jänicke, M., Jacob, K., "Lead Markets for Environmental Innovations: A New Role for the Nation State," *Global Environmental Politics*, 2004 (1).

（文字编辑：周轶昆）

The Shenzhen Path to Break Through the Contradiction Between Ecological Quality and Economic Growth

Yuan Yiming

（China Center for Special Economic Zone Research, Shenzhen University, Shenzhen, Guangdong, 518060）

Abstract：The development path is studied in terms of the relationship between economic growth and ecological quality, and the inherent hypothesis is put forward that there's a growth-ecological substitution relationship at a certain stage of development. Through a factual analysis of typical cases in developing countries, it is revealed that the growth-ecological substitution relationship is established, and then it is concluded that developing countries are widely faced with the dilemma of choosing between growth and ecological quality. By applying the practice-effect-experience path paradigm, a logical analytical structure is established in terms of Shenzhen practice, practice creating development achievements, and development achievements generating a general reference path. This paper argues that the enlightenment value of Shenzhen's path lies in：a moderately forward-looking industrial restructuring strategy, a firm choice of low-carbon path, the construction of the institutional mechanism that dares to be the first, a promising government in pollution control and emission reduction, and a scientific and rational layout of ecological civilization.

Keywords：Special Economic Zone; Ecological Quality; Economic Growth

文化多样性与城市创新创业

——基于 2018 年全国 299 个地级市的空间计量实证

章 平 陈 旺 *

（深圳大学中国经济特区研究中心 广东 深圳 518060）

摘 要：相对于正式制度，文化对经济行为的影响同样重要，但至今尚未被很好地度量。为探索影响城市创新创业水平的非正式制度因素，本文收集 2018 年全国 299 个地级市的样本数据，利用方言种类和方言分化指数度量城市文化多样性，实证研究文化多样性对城市创新创业水平的影响。研究发现，城市创新创业水平呈现局部的"俱乐部"效应（空间相依性），同时，以城市地形地势（高程）为工具变量，文化多样性对城市创新创业水平的抑制效应非常显著，城市创新创业活力的差异既取决于本身的文化环境也受到周边城市的影响。文化抑制效应可能的解释是，在安土重迁的传统中国农业文化情境下，多元文化在一城一地的汇集，会降低社会信任和社会认同，短期内不利于城市创新创业活力的提升。本文的结论基于非移民国家样本，从

---

* 章平，管理学博士，深圳大学中国经济特区研究中心副主任、副教授，主要研究方向为行为博弈实验、公共品与公共政策及其在中国情境中的应用；陈旺，深圳大学中国经济特区研究中心硕士研究生。

非正式制度的视角探索提升区域创新创业活力的文化因素，对城市文化多元政策制定具有借鉴启发作用。

　　关键词： 文化多样性　方言　创新创业　非正式制度

一　引言

　　激发城市创新创业活力不但有利于促进区域经济的长期发展，同时有利于提升城市综合竞争力。随着"大众创业、万众创新"持续不断的深入推进，提升创新创业水平也有了更高的要求和挑战。因此，从理论和实践层面探究影响城市创新创业活力的深层次因素，具有非常重要的现实意义。

　　现有研究证实，文化是影响经济增长更为深层次的力量。Guiso 等人将文化狭义地定义为伦理、宗教和社会团体世代相传又固定不变的信仰与价值，较早地证实了文化影响经济强度的效应和理论机制。① 文化不仅会影响人们的认知、交流和互动，② 而且多种文化之间的交流和碰撞会产生创新的火花。文化多样性更为显著的地区，如移民城市，会在不同程度上促进不同背景个体之间的交流与融合，这有利于知识的共享进而促进创新。③ 问题的解决能力及预测能力同样得益于多样性文化和多角度见解④，因此，多元的思维方式以及知识储备对创新的重要性不言而喻⑤。与此同时，地区文化多样与否决定了个体创业

① Guiso, L., Sapienza, P., Zingdes, L., "Does Culture Affect Economic Outcomes?" *Journal of Economic Perspectives*, 2006（2）.

② Dimaggio, P., "Culture and Cognition," *Annual Review of Sociology*, 1997（1）.

③ Ottaviano, G. I. P., Peri, G., "The Economic Value of Cultural Diversity: Evidence from US Cities," *Journal of Economic Geography*, 2006（1）; Simonen, J., Mc Cann, P., "Firm Innovation: The Influence of R&D Cooperation and the Geography of Human Capital Inputs," *Journal of Urban Economics*, 2008（1）.

④ Page, S. E., *The Difference: How the Power of Diversity Creates Better Groups, Firms, Schools, and Societies*, Princeton University Press, 2008.

⑤ Qian, H., Stough, R. R., "The Effect of Social Diversity on Regional Innovation: Measures and Empirical Evidence," *International Journal of Foresight & Innovation Policy*, 2011（7）; Florida, R., "The Rise of the Creative Class," *Washington Monthly*, 2002（5）.

资源的多寡，多元文化会营造一个更加多样和多元的创新创业氛围。但文化的多样性也意味着不同文化之间存在矛盾与冲突，会深刻影响个体之间的信任水平与创新创业活力。余玲铮等人发现，移民的多样性会显著抑制个体创业决策行为。①

相比于移民国家，没有过多移民文化的中国，由于幅员辽阔、地域广袤并且有源远流长的历史，同样形成了多样的地域文化。值得注意的是，中国内部各地区之间社会、经济和文化发展水平不均衡，各地区的创新创业活力同样有差距。如 Talhelm 等人②和 Ruan 等人③发现，中国不同地区的创新水平不平衡；李守伟④发现，中国不同区域的创新创业活跃度存在明显的分化。既然如此，相比于移民国家，作为一个非移民国家，中国独特的区域文化多样性能否解释中国区域间创新创业活力的差异，多元化的文化环境能否激发城市的创业创新活力？基于此，本文分析全国 299 个城市使用的方言类型和方言分化指数，并以此代表该地区的文化多样性，实证研究文化多样性对城市创新创业活力的影响。

相比于以前的文献，本文的贡献在于：拓展了文化多样性与创新创业研究的范围。在文化经济的城市研究层面，现有大量研究多基于地区文化传统研究文化对创新的社会驱动力，忽略了创新创业活动的相辅相成性，并且多聚焦移民国家。本文的研究以方言为切入点，为考察文化多样性对城市创新创业活力的影响提供了新的视角与证据。此外，现有研究鲜有考虑城市创新创业活动的空间依赖性，因此可能存在一定的内生性问题，本文采用空间计量分析方法较好地解决了这一问题。

① 余玲铮等：《城市的移民多样性与创业选择》，《经济科学》2021 年第 2 期。
② Talhelm, T., Zhang, X., Oishi, S., et al., "Large-Scale Psychological Differences Within China Explained by Rice Versus Wheat Agriculture," *Science*, 2014（6184）.
③ Ruan, J., Xie, Z., Zhang, X., "Does Rice Farming Shape Individualism and Innovation?" *Food Policy*, 2015.
④ 李守伟：《中国区域创新创业活跃度比较研究》，《调研世界》2021 年第 5 期。

二　理论构建与研究假设

（一）方言与文化

诺思①参考 Byod 和 Richerson② 的研究将文化定义为"由教育和模仿而代代相传，并能影响行为的那些知识、价值及其他因素"，他认为文化的作用有：第一，文化提供了以语言为基础的信息处理方法；第二，内生于文化的伦理规范有助于减少契约的实施费用，并能有效降低搭便车行为导致的外部性。Guiso 等人认为，世代相传的文化会影响个体的信任和偏好水平，进而影响经济绩效。③

在现有文献中，学者们采用了众多衡量文化多样性的指标，如采用国籍种类④、种族数量⑤以及户籍人口⑥等进行衡量。然而，一个地区居民中民族、国籍的种类以及户籍等情况极有可能会随着制度的变化出现较大的改变，特别是移民国家或地区。在实证研究中，Falck 等人以德国历史上地区方言度量文化，分析了文化对经济交流的影响。⑦ 汉语方言作为一个地区重要的"名片"，与当地的风俗习惯、宗教信仰等一样，承载了地方特色文化。李锡江、刘永兵认为，不同的语言类型作为各地文化的承载者，其本身就蕴含地方特有的文化模式和思维方式。⑧ 来自五湖四海的人们在同一个城市相遇，方言往往会成为人与人

---

① 〔美〕道格拉斯·C. 诺思：《制度、制度变迁与经济绩效》，杭行译，格致出版社、上海人民出版社，2008。
② Boyd, R., Richerson, P. J., *Culture and the Evolutionary Process*, University of Chicago Press, 1988.
③ Guiso, L., Sapienza, P., Zingales, L., "Alfred Marshall Lecture：Social Capital as Good Culture," *Journal of the European Economic Association*, 2008（2-3）.
④ Qian, H. F., "Diversity Versus Tolerance：The Social Drivers of Innovation and Entrepreneurship in US Cities," *Urban Studies*, 2013（13）.
⑤ Max, N., "Same Difference? Minority Ethnic Inventors, Diversity and Innovation in the UK," *Journal of Economic Geography*, 2015（15）.
⑥ 余玲铮等：《城市的移民多样性与创业选择》，《经济科学》2021 年第 2 期。
⑦ Falck, O., et al., "Dialects, Cultural Identity, and Economic Exchange," *Journal of Urban Economics*, 2012（2-3）.
⑧ 李锡江、刘永兵：《语言类型学视野下语言、思维与文化关系新探》，《东北师大学报》（哲学社会科学版）2014 年第 4 期。

之间相识的第一印象，因此方言自身也会带上特定地域的标签。在不同地域文化环境中成长的个体往往使用不同的方言，特定的方言印记会陪伴终身，成为个体的一部分。因此，语言是文化的一个较好代理指标，在有关文献中越来越多地被采用。如潘越等人以方言度量文化，探究了文化多样性与企业创新之间的联系。①

与此同时，新中国成立以来，中国政府一直在大力推广普通话，截至 2020年，全国普通话普及率高达 80.72%。相比于沟通工具，方言作为文化的载体作用更加突出，这在很大程度上剔除了沟通效应的影响，从而更多地表现为文化的认同效应。

（二）文化与创新创业

世代相传的文化传统不仅外在地表现为家庭分工、宗教信仰、方言口音等，也内化为个体遵循的行为准则、信任与偏好，进而决定个体乃至地域的创新创业活力。一方面，文化的传承与多样性会促进创新创业决策的形成。阮荣平等人的研究发现，宗教信仰会提高创业概率，原因可能是宗教信仰转变了个人偏好，放松了创业约束。② 杨晔等人的研究表明，方言能力的文化属性对于移民创业的概率具有积极影响。③ 除此之外，跨地区流动所形成的文化差异同样会显著促进个体的创业决策行为。④ 陈刚、邱丹琪则证实了文化传承对企业家精神的显著影响。⑤ Eric 等人总结文化多样性促进城市创新的效应。⑥ 越多元化的城市，其包容性和开放性水平越高，城市的创新能力也越突出。如全球最佳的

---

① 潘越、肖金利、戴亦一：《文化多样性与企业创新：基于方言视角的研究》，《金融研究》2017 年第 10 期。
② 阮荣平、郑风田、刘力：《信仰的力量：宗教有利于创业吗？》，《经济研究》2014 年第 3 期。
③ 杨晔、朱晨、谈毅：《方言能力、语言环境与城市移民创业行为》，《社会》2019 年第 1 期。
④ 金江、李郫：《文化差异会影响创业吗？——基于中国劳动力动态调查数据的实证研究》，《研究与发展管理》2020 年第 1 期。
⑤ 陈刚、邱丹琪：《儒家文化与企业家精神——一项流行病学研究》，《财经研究》2021 年第 3 期。
⑥ Eric, T. G., et al., "Can Intrafirm IT Skills Benefit Interfirm Integration and Performance?" *Information & Management*, 2014 (7).

两大移民城市纽约和伦敦，二者的国际人口占比均达到1/4，有800多种语言在纽约市汇集，纽约的城市科技创新活力居全球首位。

另一方面，文化的多样性会抑制创业。Alesina 和 La Ferrara 发现种族的多元化会导致社会参与度与社会信任水平降低。① 黄玖立、刘畅的研究表明，基于彼此的身份认同，在陌生人之间，使用同种方言更有助于信任的建立，多样性反而会阻碍社会信任与社会认同的形成。② 社会信任对于创业来说是极为重要的，特别是在国内这样一个比较注重熟人关系的环境下，信任是做生意、创业的重要前提。③ 余玲铮等人的实证研究也发现，移民的多元化会显著抑制个体的创业活动，其内在机制在于社会信任和社会认同在多元社会中更难以形成。④

以 Morosini 等人为代表的"文化匹配论"学者认为，不同的文化间客观存在群体内文化偏好和群体外文化偏见，进而影响社会成员之间的信任程度、信息交流以及资源共享等。⑤ 显然，创新创业活动需要各类资源的支持，特别是在国内这样一个"熟人社会"中，社交网络和社会信任对于创业者获取各种资源尤为重要。除此之外，文化种类复杂多样，也会导致不同文化之间的冲突与矛盾，导致团队合作效率下降，进而抑制创新创业活动。因此，文化越邻近、文化种类越稀少越有利于个体之间建立社会信任，信息交流、资源共享等也会变得更加顺畅高效，从而有助于创新创业活动的开展。

总而言之，文化多样性最终会对城市的创新创业水平产生何种影响很难界定，特别是在我国这样一个文化传统比较浓厚的国家，其结果更多取决于文化多样性所形成的效率和冲突之间的利弊权衡。

---

① Alesina, A., La Ferrara, E., "Participation in Heterogeneous Communities," *The Quarterly Journal of Economics*, 2000 (3); Alesina, A., La Ferrara, E., "Who Trusts Others?" *Journal of Public Economics*, 2002 (2).

② 黄玖立、刘畅：《方言与社会信任》，《财经研究》2017 年第 7 期。

③ 黄玖立、李坤望：《吃喝、腐败与企业订单》，《经济研究》2013 年第 6 期。

④ 余玲铮等：《城市的移民多样性与创业选择》，《经济科学》2021 年第 2 期。

⑤ Morosini, P., Shane, S., Singh, H., "National Cultural Distance and Cross-border Acquisition Performance," *Journal of International Business Studies*, 1998 (1).

（三） 研究假设

地域文化是创新创业活动重要的外部环境因素，文化传统会深刻影响创新创业主体间的交流互鉴，在不同文化熏陶下的个体具有多样的认知能力和思维模式，因此多元文化个体间的交流碰撞可能会促进创新性想法和企业家精神的形成。文化多元地区多样的资源禀赋也有利于创新创业决策的实施，但多元文化也会从其他途径抑制创新创业，如社会信任、社会偏好等。

一方面，多元文化环境会促进创新创业水平的提升。以 Berry 为代表的"文化整合论"学者强调多元文化能够整合达成合作的共享价值观和目标。[1] 多样的文化往往意味着区域人口更加多元，从而知识、技能等方面的空间外溢性和互补性更强。文化的多元化更有利于激发创新、促进创业决策的形成。另一方面，不同的文化间客观存在群体内文化偏好和群体外文化偏见，并通过影响社会信任、信息交流等抑制创新创业决策的制定和实施。同时，文化的复杂多样可能导致观点看法的复杂多样，在决策中难以协调或需要耗费大量成本，团队协作变得更为复杂低效。

基于以上分析，本文提出以下假设：

文化多样性显著抑制城市创新创业水平的提升，即一个城市的方言分化指数越小，该城市的创新创业水平越高。

三　研究设计

（一） 样本和数据来源

本文选择 2018 年全国 299 个地级市作为样本展开研究并进行筛选：①剔除相关缺失值以及异常值的城市；②剔除包括西藏、宁夏、广西、内蒙古、新疆在内的少数民族地区数据。数据主要来源于《汉语方言大词典》《汉语方言地图集》《中国城市统计年鉴》。

---

[1] Berry, J. W., *The Sociogenesis of Social Sciences: An Analysis of the Cultural Relativity of Social Psychology*, Springer, 1983.

（二）变量说明和模型设计

1. 因变量

城市创新创业水平：为了避免使用研发经费、专利数量等指标片面地衡量创新创业水平，本文综合考虑创新与创业活动的相辅相成关系，基于朗润—龙信创新指数来衡量城市创新创业水平（为了控制城市的规模效应，本文采用指数中城市的单位面积得分）。该指数综合利用企业大数据库、专利数据库、商标数据库，创建了由新建企业数、吸引外来投资额、吸引风险投资额、专利授权量以及商标注册量5个一级指标和8个二级指标（见表1）构成的综合反映城市创新创业水平的指标体系。该指数充分采用大数据思维和分析手段，具有现有类似指数不具备的优势。指数编制方面，通过对所有二级指标取对数并进行标准化处理，然后基于各指标的权重加总得到城市总创新创业指数，并采用 Z-score 标准化方法，将该指数转化为标准正态分布下的分位数，指标数值处于 0～100 范围内，数值越高代表城市创新创业水平越高。

表1　城市创新创业水平评价指标体系

总指标	一级指标及权重	二级指标及权重
城市创新创业水平	新建企业数（1/5）	新增注册企业数量（1/5）
	吸引外来投资额（3/20）	新增外来法人投资的笔数（3/20）
	吸引风险投资额（1/4）	新增风险投资的企业数量（1/8）
		新增风险投资的金额（1/8）
	专利授权量（1/4）	新增发明专利公开数量（1/8）
		新增实用新型专利公开数量（3/40）
		新增外观设计专利公开数量（1/20）
	商标注册量（3/20）	新增商标注册数量（3/20）

资料来源：北京大学企业大数据研究中心"中国区域创新创业指数（IRIEC）"。

2. 自变量

方言多样性（文化多样性，下文用"方言分化指数"表示）：本文方言多样性数据来源于徐现祥等人统计的中国地级及以上城市方言多样性数据[1]。该数

---

[1] 徐现祥、刘毓芸、肖泽凯：《方言与经济增长》，《经济学报》2015 年第 2 期。

据以地域为观察单元，根据《汉语方言大词典》记录的县级及以上观测单元使用的汉语方言，直接计算某地域使用的汉语方言种类，并由此得到各城市使用方言的数量和方言分化指数，方言分化指数介于 0~1，值越大表示方言越多样。

3. 控制变量

参考已有的研究，本文选用了 8 个控制变量，以控制其他因素对城市创新创业活力的影响。

（1）科技投入力度。政府科技经费投入强度越大，越有助于企业创新积极性的提升。用政府科技支出与 GDP 的比值（取对数）表示。

（2）产业结构。第二产业产值与 GDP 的比值。

（3）经济发展水平。人均 GDP（取对数）。

（4）劳动力工资水平。城镇职工平均工资水平（取对数）。

（5）金融发展水平。金融机构贷款余额与 GDP 的比值。

（6）对外开放程度。实际使用外商投资金额与 GDP 的比值。其中，实际使用外商投资金额采用当年汇率平均价进行折算。

（7）财政自主权。地方性一般财政预算收入与财政预算支出的比值。

（8）人力资本水平。普通高等学校学生总数/总人口。

从各地级市创新创业水平来看，城市创新创业指数的平均值为 57.860（见表 2），但是方差较大，表明变量的取值范围比较大，说明我国各地级市的创新创业水平呈现较为显著的地域差异；方言分化指数的均值为 0.272，其中方言种类的均值为 1.78，这说明一般的城市都有两种以上的方言。从城市创新创业环境来看，经济发展水平、人力资本水平、金融发展水平和劳动力工资水平等极值差异较大，表明变量取值范围比较大，在一定程度上说明我国经济发展的确存在显著的区域差异。

表 2 变量描述性统计结果

变量（符号）	观察值	平均值	方差	最小值	最大值
创新创业水平（Inv）	202	57.860	26.376	3.413	99.659
方言分化指数（Diadiv）	202	0.272	0.227	0.001	0.752
科研投入力度（TEC）	202	-6.061	0.862	-8.852	-4.004

变量（符号）	观察值	平均值	方差	最小值	最大值
产业结构（SI）	202	0.436	0.087	0.158	0.633
经济发展水平（PGDP）	202	1.704	0.620	0.497	3.623
劳动力工资水平（LA）	202	1.926	0.180	1.358	2.414
金融发展水平（FIL）	202	1.141	0.621	0.388	4.211
对外开放程度（FDI）	202	0.016	0.017	0	0.102
财政自主权（FA）	202	0.455	0.213	0.086	1.086
人力资本水平（HCA）	202	0.071	0.031	0.029	0.195

（三）空间计量模型的建立

区域创新创业活动通常伴随空间相关性。空间计量经济学弥补了传统计量经济学的缺憾，通过引入经济活动的空间相依性，有效解决了传统计量方法在分析空间数据过程中潜在的估计偏误问题。

由于不同类型的空间经济计量模型揭示了不同的经济含义，为获得具有最佳拟合效果的空间经济模型，本文根据 OLS – [SAR/SEM] – SARAR 路径设置并测试了模型。其中，空间权重矩阵的设置是建立空间计量模型的关键。目前，学术界对空间权重的确定尚无统一标准。本文参考了 Anselin 等人提出的空间权重简化原理。[①] 考虑到邻接矩阵由 0 和 1 组成，与其他空间矩阵相比，这是最简洁和使用最广泛的，因此选择邻接矩阵（W）作为基准空间权重矩阵，即如果 i 市与 j 市相邻，则权重 $\omega_{ij}=1$，否则 $\omega_{ij}=0$。

由此得到 SARAR 模型：

$$Inv_i = \lambda WInv_i + \beta_0 Diadiv_i + \beta_1 TEC_i + \beta_2 LA_i + \beta_3 SI_i + \beta_4 FDI_i + \beta_5 FA_i + \beta_6 HCA_i + \beta_7 FIL_i + \beta_8 PGDP_i + \mu_i \tag{1}$$

其中 $\mu_i = \rho W\mu_i + \varepsilon_i$

SAR 模型、SEM 模型以及传统的 OLS 模型是 SARAR 模型的特例，当

① Anselin, L., Bera, A. K., Florax, R., et al. "Simple Diagnostic Tests for Spatial Dependence," *Regional Science & Urban Economics*, 1996 (1).

SARAR 模型中的空间误差项系数 $\rho = 0$ 时，是空间自相关（SAR）模型；当模型中的空间滞后项系数 $\lambda = 0$ 时，就是空间误差（SEM）模型；当 ρ 与 λ 同时为零时，则是传统的 OLS 模型。

四　实证结果与分析

（一）描述性统计分析

从相关系数来看，城市创新创业水平和方言分化指数的相关系数为 -0.184（见表3），初步证实了本文的假设，即方言分化指数越大的城市，文化种类越多，城市创新创业水平越低。

表3　主要变量的相关系数

变量	Inv	Diadiv	TEC	SI	PGDP	LA	FIL	FDI	FA	HCA
Inv	1.000									
Diadiv	-0.184	1.000								
TEC	0.5685	-0.021	1.000							
SI	0.286	-0.099	0.134	1.000						
PGDP	0.690	-0.183	0.428	0.269	1.000					
LA	0.544	-0.067	0.429	0.045	0.615	1.000				
FIL	0.288	-0.006	0.216	-0.382	0.277	0.419	1.000			
FDI	0.363	0.152	0.489	0.133	0.233	0.253	0.088	1.000		
FA	0.799	-0.130	0.445	0.284	0.864	0.611	0.335	0.322	1.000	
HCA	0.528	-0.045	0.363	-0.082	0.605	0.486	0.572	0.288	0.525	1.000

（二）空间相关性检验

本文计算了各城市的全局 Moran's I 指数，以测算中国城市创新创业活动是否存在空间相关性。全局 Moran's I 指数大于0，且在1%的水平下显著，说明中国各地级市之间的创新创业活动存在显著的空间正相关性（见表4）。

表 4　全局空间自相关检验结果

检测方法	城市创新创业水平（*Inv*）		
	Moran's I	Z	P
双侧检验	0.534	11.215	0.000

Moran 散点图可以将各城市的创新创业水平集群分为 4 个象限，用于表示各城市的空间关联关系：第一象限（HH）表示高创新创业水平的城市在空间上集聚；第二象限（LH）表示低创新创业水平城市的周围大多数是高创新创业水平的城市；第三象限（LL）表示低创新创业水平的城市在空间上集聚；第四象限（HL）表示高创新创业水平的城市被低创新创业水平的城市包围。即，第一、第三象限的城市创新创业活动存在空间正相关性，第二、第四象限的城市创新创业活动存在空间负相关性。

2018 年中国城市创新创业指数 Moran 散点图显示，绝大部分城市处于第一、第三象限（见图 1），即我国城市创新创业活动存在显著的空间正相关性。此时传统计量方法存在较大的局限性，应考虑构建空间计量模型。

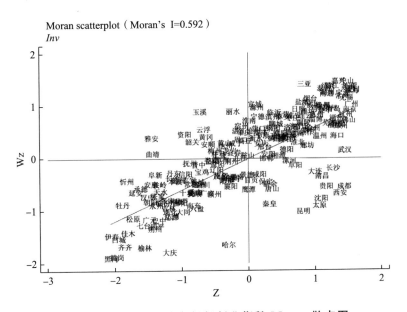

图 1　2018 年中国城市创新创业指数 Moran 散点图

（三）空间计量模型选择

本文主要参考 Elhorst 的模型判别标准[①]。可以发现，Robust LM_{error}（47.578）在 99% 的置信区间下通过显著性检验，而 Robust LM_{lag}（3.332）在 95% 的置信区间下仍未通过显著性检验（见表5），表明，SEM 模型具有更高的解释力。这也表明我国城市创新创业水平存在明显的空间差异特征，创新创业水平的变化主要来源于横截面个体间的差异，一个城市或者地区的创新创业水平不仅受到自身因素的影响，也受到区域间结构性差异的误差冲击。

表5 传统空间计量模型检验结果

因变量	统计量	LM		Robust LM	
		Statistics	P	Statistics	P
城市创新创业水平	Spatial-lag	21.251	0.000	3.332	0.068
	Spatial-error	65.497	0.000	47.578	0.000

（四）基准回归结果

基于模型设定和检验思路，本文按照 OLS—SEM—SARAR 的模型路径进行估计（见表6）。从 OLS 的回归结果来看，方言多样性对城市创新创业水平起到较为明显的抑制作用。本文选用能够将各城市创新创业活动空间相关性考虑在内的 SEM 和 SARAR 模型进行估计。

表6 空间截面计量回归结果

变量	OLS	SEM	SARAR
Diadiv	-12.223 *** (0.009)	-10.510 *** (0.004)	-11.046 *** (0.008)
TEC	6.639 *** (0.000)	4.932 *** (0.000)	5.057 *** (0.000)

---

① Elhorst, J. P. , "Specification and Estimation of Spatial Panel Data Models," *International Regional-ence Review*, 2003（3）.

续表

变量	OLS	SEM	SARAR
SI	27.656 ** (0.057)	23.765 * (0.057)	24.689 ** (0.049)
$PGDP$	−7.076 * (0.062)	1.743 (0.637)	1.482 (0.694)
LA	5.931 (0.451)	−0.602 (0.932)	−0.040 (0.996)
FIL	−1.203 (0.612)	2.74 (0.203)	2.682 (0.284)
FDI	35.070 ** (0.049)	113.079 ** (0.049)	107.537 ** (0.026)
FA	84.426 *** (0.000)	56.895 *** (0.000)	58.302 *** (0.000)
HCA	161.669 *** (0.002)	128.011 *** (0.010)	131.854 ** (0.012)
ρ		0.218 *** (0.000)	0.143 *** (0.000)
λ			0.0181 (0.146)
$Adj - R^2$	0.703		

注：括号里的数字为 P 统计值；*** 、** 和 * 分别表示在 1%、5% 和 10% 的水平下显著，下同。

从 SEM 和 SARAR 模型估计的结果来看，以上两类空间计量模型的空间误差项系数均在 99% 的置信区间下显著为正，表明城市间创新创业水平的提高的确存在相互依赖的关系，而且主要是通过城市区域间结构性差异的误差冲击来相互影响。通过比较空间计量模型（SEM 和 SARAR）与传统 OLS 模型的结果可以发现，空间计量模型相关控制变量系数的正负性较之普通的 OLS 模型，更符合经济理论。例如在 OLS 模型中，地区经济发展水平在 90% 的置信区间下，会显著抑制地区的创新创业活动，这显然不合常理。当考虑空间相关性之后，回归结果更符合理论和常理，这从侧面说明忽略变量的空间依赖性会使回归结果失真。

SEM 和 SARAR 模型回归结果均显示，方言分化指数的估计系数显著为负，表明文化多样性的确会显著抑制我国城市的创新创业活力。文化越是复杂多样，城市创新创业水平越倾向于降低，究其原因可能有以下两点。第一，相比于移民国家，我国的传统文化底蕴更加深厚，多元文化所带来的"隔阂"更加突出，显著降低了社会信任和社会认同水平，抑制了地区创新创业决策的制定和实施。第二，文化多样性可能会带来不同文化间的冲突，增加产生分歧和冲突的可能性，从而降低团队合作效率、降低区域创新创业水平。

进一步考察其他控制变量对城市创新创业水平的影响。从估计结果来看，科研投入力度、人力资本水平、对外开放程度、财政自主权以及产业结构均显著影响城市的创新创业水平。特别是城市对外开放程度以及人力资本水平的回归系数较大，对城市创新创业活力的影响异常突出。通过提高相关控制变量的强度，同样可以有效提高城市创新创业水平。

总体而言，空间计量模型估计结果显示，中国城市间的创新创业水平存在显著的空间依赖性，城市创新创业水平主要受到周边城市结构性差异的误差冲击。同时，作为结构性差异的空间影响因素之一，方言多样性在我国地理上的集群会显著抑制城市创新创业水平。科研投入力度、劳动力工资水平、人力资本水平、对外开放程度、财政自主权以及产业结构对城市创新创业水平具有显著的正向影响，而经济发展水平和金融发展水平对城市创新创业水平的正效应尚不明显。

（五）工具变量回归

本文的研究可能存在内生性问题。城市的文化多样性会影响区域间的创新创业水平，但城市的创新创业活力同样会在一定程度上决定城市的文化多样性。为了克服可能存在的内生性问题，明确城市文化多样性与区域创新创业水平的因果关系，本文将各城市的平均高程作为工具变量，重新考察了文化多样性对于城市创新创业水平的影响。城市的高程作为工具变量的主要原因是，高程是描述区域地形地势的关键指标之一，而地形地势又是一种方言或者文化形成的重要自然条件。一个地区的地形地势越复杂多样，越容易将该地区分割成复杂多样、相对封闭的小区域，而地理隔离的结果是不同种类语言文化的诞生。此外，创新创业活动并不会影响地形地势这一自然因素，同时由于现代交通的飞速发展，地形地势条件对企业、个体创新创业决策的直接影响急剧下降。由于本文将地区的经济发展水平和金融发展水平作为控制变量，因此可以认为地形地势对创新创业决策不存在直接影响。

首先，在传统 OLS 工具变量第一阶段的回归中，城市的高程（gc）与城市文化多样性显著正相关（P 值＝0.048）（见表7），这意味着城市的地形地势越复杂，越容易形成多元的城市文化。通常而言，地势越高的地区，地形也越趋复杂，越容易导致城市文化的多样性，这符合本文的理论假设，也可以在一定程度上排除工具变量回归中可能存在的弱工具变量问题。

表7　工具变量回归

变量	$Diadiv$（2SLS-first）	Inv（2SLS）	Inv（SEM）	Inv（SARAR）
gc	0.080 **（0.048）			
$Diadiv$		－ 205.827 **（0.045）	－ 92.044 **（0.012）	－ 53.578 ***（0.002）
控制变量	控制	控制	控制	控制
ρ			0.108 ***（0.001）	0.108 ***（0.000）
λ				0.028 **（0.011）

从整体回归结果来看，在将城市的平均高程作为工具变量后，OLS、SEM、SARAR 模型均没有改变基准回归结果中文化多样性对城市创新创业水平的显著性影响。这说明基准回归结果是稳健的，也进一步证实了文化多样性影响城市创新创业水平的因果关系。

在工具变量回归中，传统 OLS 模型回归没有考虑城市创新创业水平的空间依赖性，导致工具变量的结果失真，回归系数显著偏高。在考虑内生性问题之后，SARAR 模型回归结果中的空间滞后项和空间误差项系数均在5%的水平下显著为正，证实城市创新创业水平存在显著的空间依赖性。这种依赖性不仅体现在城市创新创业水平会受到周围城市结构性差异的误差冲击，也体现在周围城市创新创业水平会进一步影响本城市的创新创业水平。也就是说，临近城市的创新创业水平较高，本城市的创新创业水平也较高，城市的创新创业水平存在局部集聚现象，这可以在一定程度上解释为何我国不同地区创新创业活力存在显著差异。这也进一步表明，围绕重点区域打造能够以点带面、以局部带动整体的创新创业增长极，对于提高区域的整体创新创业活力尤为重要。

五　结论

方言是文化的重要方面，本文从方言的视角考察了文化多样性对城市创新创业水平的影响。具体而言，本文把各地级及以上城市2018年的创新创业水平与其方言多样性指数进行匹配。实证发现，中国城市间的创新创业水平存在显著的空间依赖性，同时，以城市的地形地势指标——高程作为工具变量，发现文化多样性对城市创新创业水平具有较为显著的负向影响。这表明城市的创新创业水平不仅取决于自身的文化环境，也受制于周边城市创新创业活力的激发状况，这在很大程度上可以解释为何我国城市之间创新创业水平差距悬殊的同时又呈现区域集聚现象。

基于上述研究，本文的建议是，第一，对于提高整个国家或者区域的创新创业水平而言，应从局部出发，重点围绕核心区域的核心城市落实相关政策，提高其创新创业水平，打造城市群的创新创业增长极，再通过增长极城市的辐射能力带动整个区域创新创业活力的迸发。第二，对于激发创新创业活力的政策而言，城市特别是流动人口众多、文化层次丰富多样的大城市，应当充分利用各种社会活动机制和政策，积极推动城市和社区范围内不同个体间的交流互鉴。应多手段加强来自不同地区、不同文化个体之间的紧密联系，从而加强城市的文化包容度和社会认同度，促进城市人口更积极地开展创新创业活动。

参考文献

［1］余玲铮等：《城市的移民多样性与创业选择》，《经济科学》2021年第2期。

［2］李守伟：《中国区域创新创业活跃度比较研究》，《调研世界》2021 年第 5 期。

［3］〔美〕道格拉斯·C. 诺思：《制度、制度变迁与经济绩效》，杭行译，格致出版社、上海人民出版社，2008。

［4］李锡江、刘永兵：《语言类型学视野下语言、思维与文化关系新探》，《东北师大学报》（哲学社会科学版）2014 年第 4 期。

［5］潘越、肖金利、戴亦一：《文化多样性与企业创新：基于方言视角的研究》，《金融研究》2017 年第 10 期。

［6］阮荣平、郑风田、刘力：《信仰的力量：宗教有利于创业吗?》，《经济研究》2014 年第 3 期。

［7］杨晔、朱晨、谈毅：《方言能力、语言环境与城市移民创业行为》，《社会》2019 年第 1 期。

［8］金江、李郸：《文化差异会影响创业吗？——基于中国劳动力动态调查数据的实证研究》，《研究与发展管理》2020 年第 1 期。

［9］陈刚、邱丹琪：《儒家文化与企业家精神——一项流行病学研究》，《财经研究》2021 年第 3 期。

［10］黄玖立、刘畅：《方言与社会信任》，《财经研究》2017 年第 7 期。

［11］黄玖立、李坤望：《吃喝、腐败与企业订单》，《经济研究》2013 年第 6 期。

［12］徐现祥、刘毓芸、肖泽凯：《方言与经济增长》，《经济学报》2015 年第 2 期。

［13］毛文峰、陆军：《土地要素错配如何影响中国的城市创新创业质量——来自地级市城市层面的经验证据》，《产业经济研究》2020 年第 3 期。

［14］蒋仁爱、李冬梅、温军：《互联网发展水平对城市创新效率的影响研究》，《当代经济科学》2021 年第 4 期。

［15］Guiso, L., Sapienza, P., Zingales, L., "Does Culture Affect Economic Outcomes?" *Journal of Economic Perspectives*, 2006 (2).

［16］Dimaggio, P., "Culture and Cognition," *Annual Review of Sociology*, 1997 (1).

［17］Ottaviano, G. I. P., Peri, G., "The Economic Value of Cultural Diversity：Evidence from US Cities," *Journal of Economic Geography*, 2006 (1).

［18］Simonen, J., Mc Cann, P., "Firm Innovation：The Influence of R&D Cooperation and the Geography of Human Capital Inputs," *Journal of Urban Economics*, 2008 (1).

［19］Page, S. E., *The Difference：How the Power of Diversity Creates Better Groups, Firms,*

Schools, *and Societies*, Princeton University Press, 2008.

[20] Qian, H., Stough, R. R., "The Effect of Social Diversity on Regional Innovation: Measures and Empirical Evidence," *International Journal of Foresight & Innovation Policy*, 2011 (7).

[21] Florida, R., "The Rise of the Creative Class," *Washington Monthly*, 2002 (5).

[22] Talhelm, T., Zhang, X., Oishi, S., et al., "Large-Scale Psychological Differences Within China Explained by Rice Versus Wheat Agriculture," *Science*, 2014 (6184).

[23] Ruan, J., Xie, Z., Zhang, X., "Does Rice Farming Shape Individualism and Innovation?" *Food Policy*, 2015.

[24] Boyd, R., Richerson, P. J., *Culture and the Evolutionary Process*, University of Chicago Press, 1988.

[25] Guiso, L., Sapienza, P., Zingales, L., "Alfred Marshall Lecture: Social Capital as Good Culture," *Journal of the European Economic Association*, 2008 (2 – 3).

[26] Qian, H. F., "Diversity Versus Tolerance: The Social Drivers of Innovation and Entrepreneurship in US Cities," *Urban Studies*, 2013 (13).

[27] Max, N., "Same Difference? Minority Ethnic Inventors, Diversity and Innovation in the UK," *Journal of Economic Geography*, 2015 (15).

[28] Falck, O., et al., "Dialects, Cultural Identity, and Economic Exchange," *Journal of Urban Economics*, 2012 (2 – 3).

[29] Eric, T. G., et al., "Can Intrafirm IT Skills Benefit Interfirm Integration and Performance?" *Information & Management*, 2014 (7).

[30] Alesina A., La Ferrara, E., "Participation in Heterogeneous Communities," *The Quarterly Journal of Economics*, 2000 (3).

[31] Alesina A., La Ferrara, E., "Who Trusts Others?" *Journal of Public Economics*, 2002 (2).

[32] Morosini, P., Shane, S., Singh, H., "National Cultural Distance and Cross-border Acquisition Performance," *Journal of International Business Studies*, 1998 (1).

[33] Berry, J. W., *The Sociogenesis of Social Sciences: An Analysis of the Cultural Relativity of Social Psychology*, Springer, 1983.

[34] Anselin, L., Bera, A. K., Florax, R., et al. "Simple Diagnostic Tests for Spatial

Dependence," *Regional Science & Urban Economics*, 1996（1）.

［35］Elhorst, J. P. , "Specification and Estimation of Spatial Panel Data Models," *International Regionalence Review*, 2003（3）.

［36］Lesage, J. P. , Pace, R. K. , "The Biggest Myth in Spatial Econometrics," *Econometrics*, 2014（4）.

（文字编辑：乐小芳）

Cultural Diversity and Urban Innovation and Entrepreneurship

—Spatial measurement empirical evidence based on 299 prefecture-level cities nationwide in 2018

Zhang Ping, *Chen Wang*

（China Center for Special Economic Zone Research, Shenzhen University, Shenzhen, Guangdong, 518060）

Abstract：The influence of culture on economic behavior is equally important as that of formal institutions, but has not been well measured so far. In order to explore the informal institutional factors affecting the level of urban innovation and entrepreneurship, this paper collected data from a sample of 299 prefecture-level cities across China in 2018 and empirically studied the impact of cultural diversity on the level of urban innovation and entrepreneurship using the number of dialecttypes and the dialect differentiation index to measure urban cultural diversity. It is found that the level of innovation and entrepreneurship in cities shows a local "club" effect（spatial interdependence）, while the inhibitory effect of cultural diversity on the level of innovation and entrepreneurship in cities is significant, using the topography of cities（elevation）as an instrumental variable. The difference in the vitality of mass entrepreneurship and innovation depends not only on its own cultural environment but also on the influence of surrounding cities. The cultural inhibition effect is likely to be explained by the fact that diverse cultures are simultaneously converged in one city and one place in the context of traditional Chinese agricultural culture where the land is resettled and relocated, which is not conducive to the enhancement of mass entrepreneurship and innovation in cities in the short term. Based on a sample of non-immigrant countries, the findings of this paper explore the cultural factors that enhance regional innovation and entrepreneurship dynamics from the perspective of informal institutions, which can be used as a reference for urban cultural diversity policies.

Keywords：Cultural Diversity；Dialect；Innovation and Entrepreneurship；Informal Institutions

从全球经济特区发展看深圳经济特区的异质性

侯　佳　赖勉珊[*]

（深圳大学中国经济特区研究中心　广东　深圳　518060）

摘　要：全球范围内，约有3/4的国家拥有形式各异的经济特区。作为经济特区最成功的案例之一，深圳经济特区备受瞩目，也是全球最为特殊的经济特区之一。本文从全球经济特区发展的角度，选取了特区数量较多的几个国家，包括美国、波兰、菲律宾、印度以及肯尼亚，梳理了各国经济特区发展现状、管理机构、优惠政策、对外经济发展效果等。在此基础上，从对外贸易和利用外来投资的角度，讨论了深圳经济特区在地理位置、历史背景、政策内涵等方面的异质性，指出了经济特区的关键政策内涵，并分析了深圳经验的可复制性。

关键词：全球经济特区　深圳经济特区　异质性

一　引言

世界各国或地区通过建立经济特区，以更宽松与灵活的经济政策吸引投资、

＊　侯佳，经济学博士，深圳大学中国经济特区研究中心助理教授，主要研究方向为国际贸易、应用计量经济学；赖勉珊，土地经济学博士，深圳大学中国经济特区研究中心助理教授，主要研究方向为区域经济学、产业经济学。

促进贸易与经济发展，因此经济特区获得越来越广泛的应用。根据联合国贸易和发展会议（以下简称"联合国贸发会"）的一项统计，截至 2018 年底，全球至少 3/4 的国家或地区共有 5383 个形式各异的经济特区。这些经济特区历史悠久、分布广泛。作为社会主义市场经济探索的成功试验田，深圳经济特区是全球经济特区中的佼佼者，获得广泛关注。将深圳经济特区置于全球经济特区发展的背景下，分析深圳作为经济特区所具有的异质性，有助于我们在全球视野下更深入地了解深圳成功的经验，分析经济特区发展的一般规律，从而探讨建立经济特区作为经济发展手段之一的有效性与可复制性。

根据联合国贸发会发布的《2019 世界投资报告：经济特区》，全球各国或地区的经济特区涵盖近 90 个不同名目，包括开发区、外贸区、出口加工区、工业园区、自由港、ISP/数据基础设施特区、旅游开发区等（见表 1）。广义的经济特区反映了不同的政策内涵。通过对这些经济特区进行统计，可以对当前经济特区发展的政策侧重点进行概括，并为了解深圳整个城市作为经济特区需要包含的要素及其异质性提供对比基础。

表 1　广义经济特区类型

单位：个

经济特区要素	经济特区名称及数量
整体经济发展	自由区（307）、经济特区（148）、先进发展区（100）、经济区（54）、自由经济区（40）、自由经济区/地区（8）、特别开发区（7）、自由区/开发区（5）、经济发展特区（3）、国际发展自由区（1）、开发区（1）、经济刺激特区（1）
地域	（省级）开发区（1991）、州政府和私营经济特区（11）、大面积经济特区（10）、区域经济走廊（5）、经济城市（1）
港口与贸易发展	外贸区（262）、出口加工区（144）、特殊关税区（135）、自贸区（52）、出口工业区（52）、边境/跨境经济合作区（19）、自由港（17）、经济（贸易）区（7）、自由贸易港（7）、中央政府（出口）经济特区（7）、自贸区和仓储区（4）、关税区（1）、港口经济特区（1）、工贸区（1）、自贸加工区（1）、贸易港（1）
知识与创新	IT 中心（294）、经济技术开发区（219）、高新技术产业开发区（156）、先进发展区（100）、科技开发区（83）、IT 园区（76）、自由区/科技产业开发区（15）、技术创新经济特区（6）、科技园（4）、技术经济开发区（2）、中心（1）、高科技园区（1）、科技村（1）、技术开发区（1）、知识之城（1）

经济特区要素	经济特区名称及数量
绿色经济	环境科技园（4）、国际绿色示范区（1）
特定行业发展：农业	农工经济特区（28）、农工园区（5）、农业生物科技园（3）、农业开发区（3）
特定行业发展：工业	制造业经济特区（102）、一般工业区（54）、自由区/工业园区（49）、工业园（43）、自由工业区（26）、工业区（18）、工业生产经济特区（10）、符合条件的工业区（10）、自由工业和经济区（7）、工业（开发）区（8）、工业园区/庄园（3）
特定行业发展：旅游业	旅游经济特区（25）、旅游休闲经济特区（9）、旅游开发区（5）、医疗旅游中心（2）医疗旅游园区（1）
特定行业发展：商业	自由商业区（18）、服务园/中心（5）、商业园（2）、商业自由区（1）、国际商务中心（1）
（未指定）行业发展	特定行业的经济特区（326）、多部门/服务经济特区（25）
其他	外商投资区（26）、多功能经济区（4）、ISP/数据基础设施特区（3）、国家战略开发区（3）、税收自由区（2）、国际物流枢纽产业开发区（2）、油气场（1）、国际投资园区（1）、特别行政区（1）、特殊社会市场经济区（1）

注：联合国贸发会所收录各国（地区）经济特区名称可能与各国（地区）官方名称有出入。

资料来源：根据联合国贸发会《2019世界投资报告：经济特区》附表21数据整理。

可以看到，广义的经济特区包含各类自贸区、开发区。这些特区的共同特征是划定特定空间，为该空间内的特定或非特定行业与经济主体提供优惠性经济政策。除以整体经济发展和地域划分为要素的经济特区外，其他类型经济特区的政策指向更为具体，主要强调港口与贸易、知识与创新、绿色经济、农业、工业、旅游业、商业的发展。由此可见，全球范围内发展经济特区这一政策工具的目标主要包括促进贸易发展、技术创新、可持续发展以及特定行业发展等。也有少量经济特区根据其所提供的优惠政策来命名，如外商投资区、税收自由区、特别行政区等，反映了建立广义经济特区的另一个维度，即按经济政策内涵来划分。也有部分经济特区强调基础设施优势，如ISP/数据基础设施特区、国际物流枢纽产业开发区等。

二　全球经济特区发展

根据联合国贸发会统计口径，从地区来看，广义经济特区主要集中在亚洲地区（4046 个），占全球总数的 75%；在亚洲地区，中国以 2543 个经济特区（包含各类开发区、高新园区、边境/跨境经济合作区、海关特区等）位列全球第一。除中国以外，亚洲地区拥有经济特区数量排名前 5 的是菲律宾（528 个）、印度（373 个）、韩国（47 个）、马来西亚（45 个）和孟加拉国（39 个）。西方国家共有 374 个广义经济特区，数量排名前 5 的是美国（262 个）、波兰（21 个）、立陶宛（16 个）、克罗地亚（11 个）和保加利亚（9 个）。非洲地区共有 237 个广义经济特区，数量排名前 5 的是肯尼亚（61 个）、尼日利亚（38 个）、埃塞俄比亚（18 个）、埃及（10 个）和喀麦隆（9 个）。在所有广义经济特区中，只有 148 个以"经济特区"（狭义经济特区）命名，主要分布在柬埔寨（31 个）、伊朗（23 个）、印度尼西亚（12 个），以及老挝和沙特阿拉伯（各 10 个）等国，其他分布在博茨瓦纳（8 个）、津巴布韦（8 个）、巴基斯坦（7 个）、刚果（4 个）、缅甸（3 个）、布基纳法索（2 个）、加蓬（2 个）、莫桑比克（2 个）、卢旺达（2 个）等国。这些经济特区大多数成立于 20 世纪 90 年代及之后，尤其是柬埔寨、老挝、缅甸等国的经济特区，当地最早的经济特区成立于 2005 年，充分彰显了中国建设经济特区经验与成效的外溢效应。然而，即便同样命名为"经济特区"，经济特区蕴含的政策内容也可能千差万别。为对比不同国家或地区经济特区建设的现状与发展动态，本文选取经济特区数量较多的美国、波兰、菲律宾、印度、肯尼亚为研究对象，主要围绕立法基础、管理部门、优惠政策、特区数量与分布、贸易和就业情况等，分别梳理这些国家经济特区发展的情况与特征，为分析深圳经济特区异质性提供参考。

（一）美国

美国的经济特区主要指对外贸易区（Foreign Trade Zone，FTZ），区内企业适用特别关税规定，通过延缓支付或降低关税等方式促进贸易发展。美国 FTZ 的建立有较为坚实的法律基础：1934 年，《对外贸易区法案》及其修正案（FTZ

Act－19 USC 81a－81u）批准设立 FTZ 委员会，负责 FTZ 的审核、设立与管理；出台《外贸区法规》（FTZ Board Regulations，15 CFR Part 400）以及《海关与边境保护署外贸区法规》（CBP's FTZ Regulations，19 CFR Part 146）。美国的 FTZ 包括两类，一是磁铁站点（Magnet Sites），通常位于港口或工业园区，对多个贸易区运营商开放；二是子区域/用户驱动站点（Subzones/Usage-driven Sites），为经批准的特定企业提供"对外贸易区"功能。在管理上，美国 FTZ 的设立需要经过美国商务部国际贸易署（ITA）批准，并获得贸易区所在地海关与边境保护署（CBP）准许，园区内活动由地方、州及联邦政府管辖，FTZ 委员会并不拥有或经营这些贸易区，申请建立这些贸易区的公共组织或实体负责提供与维护该区域的相关设施。①

美国第一个 FTZ 位于纽约，于 1936 年设立。② 在 FTZ 内，企业可以从事的活动比较明确，包括组装、展示、清洁、操作、制造、混合、加工、重新贴标签、重新包装、修理、回收、取样、存储、测试、展示和销毁等，而生产活动需要获得 FTZ 委员会的授权。FTZ 内的企业被完全禁止从事零售贸易。FTZ 内企业享受的便利政策也比较明确，主要包括：（1）再出口产品不需要缴纳进口关税；（2）对进入美国市场的进口产品延迟缴纳关税；（3）由 FTZ 委员会备案的制造活动享受相关优惠措施，比如关税减免；（4）取消对废品、废料、不合格或有缺陷产品的关税；（5）区内企业可以每周提交一次入境申请并支付单次费用，无需为多次入境多次付费，以降低区内企业的商品处理费。

根据 FTZ 委员会 2021 年年报，2021 年美国境内共有 197 个 FTZ，356 个包含单个企业的活跃站点。其中，仓储/物流业务涉及的商品总值为 3690 亿美元，生产运营活动涉及的商品总值为 4650 亿美元，占比分别为 44% 和 56%。在地区分布上，FTZ 主要分布在美国东、南、西部沿海地区，内陆偏东部地区也有

---

① 参见美国国际贸易管理局对外贸易区网站，https://www.trade.gov/foreign-trade-zones-board；国际投资贸易网"美国特殊经济区域的规定"，http://www.china-ofdi.org/ourService/0/2235；中华人民共和国商务部：《对外投资合作国别（地区）指南》（2021 年版）第五章。

② 参见"Foreign-Trade Zones, 75 Years of History,"https://enforcement.trade.gov/ftzpage/history/earlyyears.html。

少量分布。① FTZ内占比较高的行业为制药、炼油、汽车、电子和机械/设备。FTZ对贸易与就业的积极影响较为稳定。2001～2021年，美国经由FTZ的出口额逐年上升，尤其是2010年后有明显增长；FTZ涉及的就业人数在2012～2021年也逐年上升（见图1）。

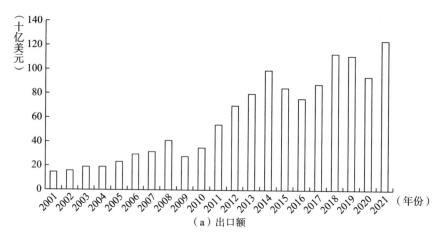

（a）出口额

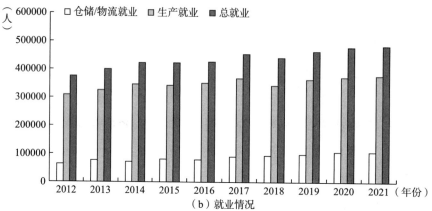

（b）就业情况

图1 2001～2021年美国对外贸易区出口额与就业情况

资料来源：FTZ委员会《第83届自由贸易区年报》。

（二）波兰

相比于美国以关税优惠为主的对外贸易区，波兰的大多数经济特区以"经

---

① 参见 U. S. Foreign-Trade Zones, "Background and Issues for Congress," https://www.everycrsreport.com/reports/R42686.html。

济特区"（Special Economic Zone）命名。区内企业享有的优惠政策以企业所得税减免政策为主，以良好的物流、产业、仓储等配套设施，土地租赁或购买政策为辅①，特区建设目标也更多样，包括促进区域经济发展、增加外商投资与就业、调整产业结构等②。基于企业新投资金额、新创就业、当地失业率与经济发展状况等，不同企业在不同经济特区能够享受的企业所得税减免额度与期限可能不同。在立法基础上，波兰于1994年通过《经济特区法》及相关修正案，依次规定各个经济特区的面积、地理位置与存在年限等。1995年，波兰第一个经济特区Mielec成立，位于该国南部。此后3年，共有16个经济特区成立，但其中2个投资环境较差，对投资者吸引力较小，发展效果较差，因此被取消。2001年，新增1个经济特区，合并原本相邻的2个经济特区，最终形成14个经济特区并延续至今（见表2）。各个经济特区由地理位置界定，但每个经济特区又可能包含彼此不相邻的子区域。分析新增就业数据可以发现，波兰南部的经济特区（Wałbrzych、Katowice、Kraków、Mielec）、西部临近波德边境的考斯钦—斯乌比采经济特区（Kostrzyn-Słubic）对投资有较高的吸引力。

表2 波兰14个经济特区概况

单位：个

经济特区名称	建立年份	2017年新增就业岗位
Mielec	1995	16830
Katowice	1996	34018
Suwałki	1996	3441
Kamienna Góra	1997	6698
Kortrzyn-Słubice	1997	14248
Legnica1	1997	6088
Łódź	1997	8525

① 《波兰经济特区情况及投资选择地的考虑》，商务部网站，http://pl.mofcom.gov.cn/article/ztdy/200605/20060502210630.shtml，2014年7月15日；*Special Economic Zones in Poland*（2020），https://invest-in-poland.eu/special-economic-zones-in-poland/；波兰投资贸易署——波兰投资区，https://www.paih.gov.pl/why_poland/Polish_Investment_Zone。

② Eurofound："波兰经济特区"，https://www.eurofound.europa.eu/nl/observatories/emcc/erm/support-instrument/special-economic-zones-sez。

续表

经济特区名称	建立年份	2017 年新增就业岗位
Starachowice	1997	4184
Słupsk	1997	1063
Tarnobrzeg	1997	6928
Wałbrzych	1997	10829
Warmia-Mazury	1997	12706
Kraków	1998	13641
Pomeranian	2001	10201

资料来源：地区分布数据来源于《ESPON 政策报告（2020）》和《欧洲经济特区》，https://www.espon.eu/topics-policy/case-studies/special-economic-zones#:~:text = A% 20Special% 20Economic% 20Zone% 20（SEZ, corporate% 20or% 20personal% 20income% 20taxes）；建立年份数据来源于波兰投资贸易署网站；各特区 2017 年新增就业数据来源于波兰创业与科技部《波兰创业报告（2018）》。

2008 年，波兰《经济特区法》进行了一次修正，扩大了经济特区的地理范围；根据《2018 年 5 月 10 日法案》，原本经济特区内企业享有的税收优惠政策不再受特区地理位置限制，即相关税收优惠政策不再局限于经济特区内，而是推广到所有满足标准的企业，现有经济特区内享受税收优惠政策的企业可以继续享受优惠至 2026 年。可以预见，《2018 年 5 月 10 日法案》于 2022 年 1 月开始执行后，由特定地理位置定义的经济特区通过税收优惠政策吸引新投资的优势将会逐渐消失。然而，相比于非经济特区，经济特区在基础设施建设、地理位置、商业服务等方面的优势依然存在。以西南地区的 Katowice 为例，该特区在 2015～2017 年、2019 年和 2021 年被《金融时报》评为欧洲最优经济特区。当前，Katowice 特区拥有的主要优势包括：（1）30%～60% 的企业所得税减免；（2）战略性地理位置，拥有通往德国、乌克兰、捷克和欧洲其他各国的便利交通条件；（3）地处波兰第三大教育中心；（4）当地政府对投资者的强力支持；（5）全面的投资服务。经过发展，Katowice 特区已成为汽车产业集聚地，拥有来自法国、意大利、中国、日本、韩国的大型汽车企业。玻璃制品、钢铁、木材加工、食品和建筑等行业也在 Katowice 特区集聚。

除经济特区以外，波兰还拥有 40 个以上的工业科技园，主要通过提供便利的基础设施与商业服务等方式，促进汽车等行业创新、产研结合，以促进相关行业发展。横向对比各经济特区与工业科技园，它们主要在占地与仓储面积、交通便利性、有无税收优惠、税收优惠程度、购地补贴、领衔产业等方面存在差别。①

（三）菲律宾

菲律宾的经济特区常用"经济区"（Economic Zone）命名。截至 2021 年 11 月，菲律宾共有 415 个经济区，主要涉及制造业（76 个）、信息技术（297 个）、旅游出口（17 个）、农业工业（22 个）、医疗旅游（3 个）几大行业。② 菲律宾建设经济特区的主要法律依据为该国的《1995 年经济特区法案》（第 7916 号共和国法，并经第 8748 号共和国法修订），经济特区主管机构为该国贸易与工业部下属的菲律宾经济区管理局（Philippine Economic Zone Authority，PEZA）。PEZA 负责制定菲律宾境内经济区、工业区、出口加工区、自由贸易区等的建设和运营总体政策，审核批准建立特区的申请，监管或提供特区内各项基础设施建设与维护服务等，持续优化特区建设与运营，并推动特区可持续发展，以吸引出口导向型的外来投资，最终实现增加菲律宾国内就业、出口与经济机会的目标。③ 2020 年，PEZA 管理的经济特区为菲律宾贡献了 64% 的出口额，出口服务市场份额达到 80%，区内企业的生产总值占菲律宾国内生产总值（GDP）的 17%。④ PEZA 审核与管理的企业每年产生的外来投资额约占菲律宾外来投资总额的 60%。2000 年以来，PEZA 管理企业的出口金额占菲律宾总出口额的比重保持在 50% 以上（见图 2），PEZA 在促进菲律宾出口方面发挥了非常重要的作用。

相比于美国和波兰，菲律宾为经济特区提供的优惠政策更为丰富，包括财政支持政策与非财政支持政策。⑤ 财政支持政策包括各种财政优惠，比如 4～7

---

① 参见 Healy 咨询：《波兰经济特区》，https://www.healyconsultants.com/poland-company-registration/special-economic-zones/。

② 参见"菲律宾经济区管理局（PEZA）简介"，https://www.peza.gov.ph/。

③ 参见"菲律宾经济区管理局（PEZA）任务与职能"，https://www.peza.gov.ph/mandate-and-functions；"菲律宾经济区管理局（PEZA）愿景"，https://www.peza.gov.ph/vision-mission。

④ 《PEZA 荣获 2022 年南亚最佳经济区推广机构》，菲律宾经济区管理局（PEZA）网站，https://www.peza.gov.ph/press-releases/peza-awarded-best-economic-zone-promotion-southeast-asia-2022，2022 年 5 月 29 日。

⑤ 参见"菲律宾经济区管理局（PEZA）激励措施"，https://www.peza.gov.ph/elligible-activities-and-incentives-category/fiscal-incentives。

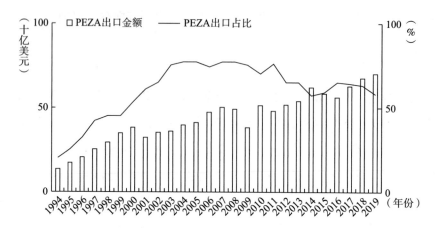

图 2　1994～2019 年菲律宾 PEZA 管理企业出口金额及其占菲律宾总出口额比重

资料来源：《亚洲开发银行对蒙古的知识分享会：发展经济合作区项目——菲律宾 PEZA 经验》，https：//events. development. asia/system/files/materials/2021/03/202103 - case-study-philippines-one-stop-shop-sezs-and-role-global-value-chain-english-translation_0. pdf。

年的所得税优惠，5% 的特殊企业所得税或 10 年的增强扣除，最高可至 30% 的境内销售补贴，原材料或配件免税进口，出口企业国内采购产品增值税减免，免于支付任何地方政府的所有杂费、费用、税款等。非财政支持政策主要包括长期土地租赁优惠、为外国投资者及其家属的签证提供便利措施等。PEZA 还致力于提高经济区内的行政服务水平，通过简化流程、提高透明度、建立专门服务团队等方式，减轻区内企业办理业务的行政负担。

（四）印度

印度是亚洲地区最早建立出口加工区的国家之一。1965 年，印度政府在西部港口坎德拉港建立第一个出口加工区，以促进对外贸易的发展。1999 年，印度外长访华，其间对包括经济合作与发展在内的诸多问题进行讨论，中国也分享了经济特区建设与发展的经验。[1] 2000 年 4 月，印度政府出台了发展经济特区的相关政策，旨在通过建立功能更为全面与丰富的经济特区，实现吸引投资、

---

[1]《印中对话时间表（1997—2000）》，印度外交部网站，https：//mea. gov. in/rajya-sabha. htm？dtl/9772/Q + 302 + + IndoChina + Talks，2000 年 3 月；《李鹏会见印度外长辛格》，外交部网站，https：//www. fmprc. gov. cn/chn/pds/gjhdq/gj/yz/1206_42/xgxw/t6067. htm，2001 年 1 月 14 日；Kumar, R. S. K., "SEZs In India: Concept, Objectives and Strategies," https：//www. gtap. agecon. purdue. edu/resources/download/4103. pdf, 2008.

促进经济增长的目标。2000～2006 年，印度经济特区建设工作及相应财政激励政策主要受对外贸易政策相关规定管理，强调提供良好的基础设施、有吸引力的财政政策、尽可能少的行政管制。2005 年，印度通过《经济特区法》，并于2006 年开始执行，此后，经济特区的发展有了稳定清晰的法律依据，相关法律程序大幅简化，并在中央与邦政府层面提供相关事项的单一窗口许可。相比于出口加工区以促进出口为主的单一目标，经济特区的目标更为多样，包括：（1）创造额外的经济活动；（2）促进商品和服务的出口；（3）促进国内外投资；（4）创造就业机会；（5）发展基础设施。①

为了吸引境内外投资，印度经济特区内主体单位可以获得的优惠政策也相对丰富，②包括：可以免税进口或从印度境内采购产品，用于开发、运营和维护；在进入特区后 5 年内享受 100% 的出口收入所得税减免，第 5～10 年享受50% 的免税，第 10～15 年对 50% 的出口利润减税；享受最低替代税、中央销售税、服务税和邦销售税等减免；提供中央与邦政府相关审核事项的单一窗口许可。经济特区开发商也可以享受关税、消费税、股息分配税、中央销售税、服务税等的减免。③

截至 2022 年 10 月 14 日，印度共批准设立经济特区 424 个；截至 2022 年 1月 27 日，共有 268 个运营中的经济特区，其中 19 个为 2005 年《经济特区法》通过前建立。④ 目前，运营中的经济特区大多数分布在南部沿海地区，以利用当地便利的港口交通条件与发达的基础设施。不同的经济特区在吸引投资、发展业务上侧重的产业有所不同。268 个经济特区中，有超过一半（162 个）侧重IT/IT 服务/电子硬件和软件的发展，25 个以多产业发展为主，分别有 14 个、12

---

① 参见"印度经济特区发展简介"，http://sezindia. nic. in/cms/introduction. php。
② 注：经济特区主体单位（SEZ units）是指为制造商品或提供服务而设立的单位。下文经济特区开发商（SEZ developer）是指依相关规定设立的为特区提供商业、住宅或娱乐等设施的单位。参见 https://irisgst. com/special-economic-zone/#: ~ : text = As% 20per% 20the% 20SPECIAL% 20ECONOMIC，have% 20at% 20least% 20twenty% 2Dsix。
③ 参见"印度经济特区激励措施"，http://sezindia. nic. in/cms/facilities-and-incentives. php；"印度特殊经济区域规定"，http://www. china-ofdi. org/ourService/0/949。
④ 印度商工部商务司：《经济特区情况说明书》，http://sezindia. nic. in/upload/634908b5af04cImage_002. pdf；印度商工部商务司：《印度运营中经济特区列表》，http://sezindia. nic. in/cms/approved-sez-in-india. php。

个、7 个和 7 个经济特区关注药品/化学品、工程/冶金工程、生物技术和纺织品/服装/羊毛行业。其他受关注的行业包括电子产品/半导体/电信设备、鞋类/皮革、宝石和珠宝、航空/航天等。2010～2017 年，印度经济特区内企业出口金额占全国总出口金额的比重保持在 30% 上下，但在 2017～2018 年骤跌至不足15%（见图 3）。

图 3　2005～2018 年印度经济特区出口额及占比

资料来源：《印度经济特区出口表现》，http://sezindia. nic. in/cms/export-perform-ances. php ；印度商工部商务司贸易数据，https://tradestat. commerce. gov. in/eidb/ec-nt. asp。

（五）肯尼亚

相比于其他地区的国家，非洲地区国家发展广义经济特区的历史更短，绝大多数经济特区设立于 20 世纪 90 年代及之后。肯尼亚是为数不多较早开始建设经济特区的非洲国家。[①] 2015 年，肯尼亚通过《经济特区法案》（Special Eco-nomic Zones Act No. 16 of 2015），并成立经济特区管理局，负责管理经济特区建设与发展的相关事宜，此后肯尼亚开始成立经济特区。截至 2021 年底，肯尼亚共有 15 个经济特区，其中 12 个为私人拥有、开发和管理。[②] 值得一提的是，

---

① Farole，T.，*Special Economic Zones in Africa：Comparing Performance and Learning from Global Experiences*，World Bank Publications，2011.

② 《肯尼亚经济特区投资指南（2022）》，https://www. sezauthority. go. ke/publication/document/2。

2017 年 5 月，我国广东新南方集团与肯尼亚政府签约，确定在肯尼亚埃尔多雷特建立肯尼亚珠江经济特区，并于当年 7 月举行奠基仪式。中国经济特区建设经验在肯尼亚获得直接推广。在《经济特区法案》颁布之前，肯尼亚主要依托《出口加工区法》（CAP 517）建设出口加工区，并于 1990 年设立了隶属于肯尼亚工业、贸易与企业发展部的出口加工区管理局[①]，负责出口加工区的发展事宜，以促进出口导向型投资。发展至今，经济特区管理局和出口加工区管理局并存，分别负责经济特区与出口加工区的管理与发展。根据最近一次统计（2022 年 3 月），肯尼亚共登记了 82 个出口加工区。[②]

肯尼亚的出口加工区管理局和经济特区管理局功能各有侧重。前者负责出口加工区开发/运营执照、企业执照、商务服务许可等的审核与管理，主要职责包括促进出口导向型企业生产活动，监管区内经批准的活动，并保护政府收入和外汇收入。可以在出口加工区管理局注册的活动主要包括：农业加工、动物加工、药品生产、纺织品和服装生产、采矿和电影生产等制造业，散装、贴标签、重新包装、贸易、出口等商业活动，经纪、维修、信息和咨询、IT 和业务流程外包（BPO）等服务。出口加工区的企业可以享有绿色通道口岸与清关、供水、污水处理、垃圾处理等完善的基础设施，以及优惠费率、厂房出租、办公场所建设用地、外汇制度自由化、资金和利润轻松汇回、外汇账户准入、境内外借贷等非财政优惠政策。除此之外，区内企业可以享有很多财政激励政策，比如 10 年的企业免税期、20 年的预扣税免税期、永久免征关税和进项商品与服务增值税、建筑与机械新投资可享受 100% 的投资减免等。[③]

肯尼亚经济特区管理局强调通过发展经济特区改善投资环境、促进境内外投资、增加市场机会，并推进肯尼亚工业化转型，帮助肯尼亚向中等收入国家迈进。相比之下，经济特区内企业能够享受的优惠政策更为丰富。在行政措施方面，除

---

① 参见肯尼亚出口加工区管理局网站，https://epzakenya.com/about/。

② 《肯尼亚出口加工区管理局内罗毕 2022 年 3 月报告》，https://unctad.org/system/files/non-official-document/aldc_2022_pdsd_pdw_ken_ppt_16-18_mar_benjamin_chesang_eng.pdf；中国国际贸易促进委员会：《企业对外投资国别（地区）营商环境指南（肯尼亚 2021）》，https://www.ccpit.org/image/1473840398441926657/ae8877c36bf7486aa0808be4f1955a4b.pdf。

③ 参见肯尼亚出口加工区管理局网站"常见问题"，https://epzakenya.com/faqs/。

了出口加工区企业可以享有的相关优惠外，经济特区管理局还提供签证便利，并致力于实现"只需一张许可证"，以减轻区内企业的行政负担。此外，各经济特区还设置了常驻海关办公室，提供海关文件与检查服务，并协助处理海关与消费税相关事宜。在财政优惠政策方面，经济特区内企业与出口加工区内企业一样，享受永久免征进项商品和服务增值税政策，同时获得消费税、进口报关费（IDF）和铁路发展税（RDL）永久减免，但经济特区内企业并不能如出口加工区内企业一样永久减免关税。相比于出口加工区内企业，经济特区内企业能够享受的建筑和机械新投资减免更多，内罗毕和蒙巴萨以外的经济特区内企业均能够享受150% 的减免。[①] 另外，两类经济园区对企业税的优惠政策略有不同。

三 深圳经济特区异质性

深圳经济特区的成功引人瞩目，深圳经济特区成为经济特区的模板。通过对比其他国家或地区经济特区发展特征，可以看到其他经济特区少有可以在政策广度与深度上与深圳经济特区相媲美的。广义来看，中国的经济开发区、自由贸易区、高新园区等享有政府优惠政策的经济区都属于经济特区，而深圳经济特区是中国经济、政治、文化等各方面制度改革的先行者。从 20 世纪 80 年代的价格体系改革，到后续基建体制、劳动制度、外贸体制、企业制度等改革，再到 21 世纪社会治理现代化改革等，深圳都是最早参与改革的城市之一。因此，与其说深圳是经济特区，毋宁说深圳是中国社会主义市场经济体制探索的政策试验田。从这个角度而言，深圳作为经济特区的地位是独一无二的。深圳经济特区在历史背景、地理位置、政策广度与深度、政策执行能力、政策目标等方面拥有与其他国家或地区经济特区显著不同的特征。这些特征无疑促成了深圳经济特区的巨大成功，也为其他经济特区发展提供了参考。

深圳经济特区成立的契机是 1978 年中国实施改革开放、推动经济发展的决定。在 1979 年 4 月主要讨论经济问题的中央工作会议上，来自广东的代表建议中央考虑广东毗邻港澳、拥有许多海外华侨等优势，允许广东更灵活地探索对

---

① 参见科尼亚经济特区管理局网站，https://www.sezauthority.go.ke/tax-incentives。

外经济发展;① 1979 年 8 月，国务院发布《关于大力发展对外贸易增加外汇收入若干问题的规定》，提出在深圳、珠海、汕头、厦门试办经济特区。1979 年，中共广东省委提出了《关于试办深圳、珠海、汕头出口特区的初步设想》，在这三个城市分别划定出口特区，通过产权保护、外汇自由、优惠税制等吸引外资，促进对外经济发展。1980 年 8 月，第五届全国人民代表大会常务委员会批准了《广东省经济特区条例》，该条例成为在广东省发展经济特区的主要立法基础之一。

相较于其他国家或地区的经济特区，中国几大经济特区的背后，是中国经济开放这一更为宏大的改革潮流。与深圳经济特区的改革开放同时进行的，还有特区之外整个广东省在各项经济政策上的探索，以及整个国家在改革开放道路上的坚定探索。1981 年 7 月 19 日，中共中央、国务院批转了《广东、福建两省和经济特区工作会议纪要》，进一步强调了广东和福建作为主要侨乡具有的优势，并明确了继续在两省贯彻实施特殊政策、灵活措施和试办经济特区，扩大市场调节范围、实行对外开放政策、实行财政包干和外汇分成制度、继续推进经济特区内基础设施建设、吸引外资等，为全国经济发展积累经验；同时，从计划、财政、金融、外贸等体制机制方面进一步明确了广东和福建两省的权限。

深圳、珠海、汕头、厦门作为经济特区，承担了中国进行改革开放的使命，也得到了从中央到地方各级政府的支持。在前述批转的《广东、福建两省和经济特区工作会议纪要》中，中央政府拟定了各经济特区共同享有的优惠政策，主要包括：（1）关税优惠；（2）简化出入境手续；（3）特区企业职工合同制；（4）对外贸易在国家的统一政策指导下，实现自主经营；（5）分批允许外资银行设立分支机构；（6）上缴中央财政收入减免，外汇收入单列；（7）引进外资参与建设机场、海港等基础设施；（8）管理机构精简、行政人员支持等。这些在 1981 年列明的特区发展具体支持政策，在整体思路上显示了与前述其他国家或地区经济特区内企业所拥有优惠政策的相似性，即提高行政效率、建设基础设施、提供关税优惠等，以促进对外贸易与吸引外来投资。可以说，促进出口贸易、鼓励外资投资、扩大对外经济规模是经济特区的主要功能。

---

① 参见"中国改革开放全记录（1978—2018）"，中国改革开放数据库，http://www.reformdata. org/records/。

　　深圳经济特区独特于珠海、汕头、厦门经济特区的事实，也在 1981 年批转的《广东、福建两省和经济特区工作会议纪要》中有迹可循。中央政府结合不同经济特区的特点，给各经济特区定下了不同的发展目标，即深圳、珠海的特区应建成兼营工、商、农、牧、住宅、旅游等多种行业的综合性特区，而厦门、汕头的特区应建成以加工出口为主，同时发展旅游等行业的特区，在厦门、汕头的特区中，只设工厂。由此，深圳经济特区独特于厦门和汕头经济特区的痕迹更加清晰。而紧邻香港的深圳，在依靠香港发展贸易、吸引投资方面，又具有比珠海更为明显的优势。彼时，深圳招商局蛇口工业区的建设已取得显著成效，深圳在经济特区建设上积累了绝对的先行优势。

　　深圳与香港在贸易和投资方面的联系十分紧密。1987 年，深圳实际利用外资中，63% 来自港澳台地区[①]。此后，该比例一直维持在 50% 以上。2007 年以来，该比例持续提高，一度接近 90%。在贸易方面，根据可得数据，2007 年至今，深圳对香港出口占深圳总出口的比重基本保持在 40% 以上，2013 年接近60%（见图 4）。与此同时，中国内地向香港出口占中国内地总出口的比重大约只有 20%，且呈下降趋势。深圳为重要侨乡、毗邻香港的文化与地理优势，对深圳经济特区成功发展所起的作用不言而喻。

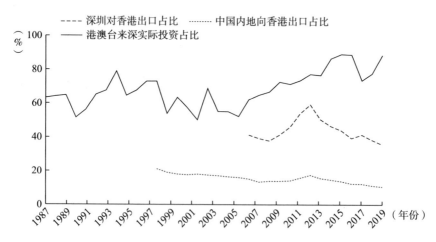

图 4　1987～2019 年中国内地、深圳与香港贸易和投资情况

资料来源：国家统计局和深圳市统计局。

---

① 统计上，港澳台地区投资参照外资。

从深圳的对外贸易发展来看，经济特区建立以后，直到 1984 年深圳市的出口额才取得突破性增长，从 1983 年的 6320 万美元增加到 26539 万美元，增长率达到 300% 以上。同年，深圳市出口额占全国总出口额的比重也从 1983 年的 0.28% 跃至 1.01%，并在此后保持快速增长，其中 1993 年达到 15.49%，随后直到 2013 年都保持在 13% 以上（见图 5）。2013 年之后，深圳市出口总额有所下降，占全国总出口额的比重也回落至 9.5% 左右。虽然 1981 年中央政府已经在批转的《广东、福建两省和经济特区工作会议纪要》中肯定了当时蛇口特区的建设成效，但深圳在对外经济中的重要地位不只体现为当地特区政策的支持。1983 年 7 月，国务院成立外贸体制改革小组；1984 年 1 月底至 2 月上旬，邓小平视察深圳、珠海、厦门三个经济特区，肯定了深圳经济特区的建设成效，并明确继续鼓励特区建设；1983 年 5 月，国务院做出开放 14 个沿海港口城市，建设经济开发区，构建沿海对外开放经济地带的决定；1984 年 7 月，国务院发布《关于当前外贸工作的通知》，提出实行政企分开、工贸结合、技贸结合、外贸经营实行代理制等外贸体制改革措施，贯彻实行对外开放政策。

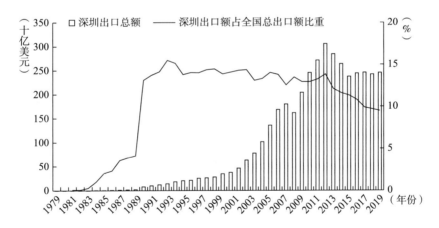

图 5　1979～2019 年深圳出口总额及其占全国出口总额比重
资料来源：国家统计局和深圳市统计局。

整体来看，发展经济特区的基本目标包括发展出口、促进投资，通过对外经济的发展带动整体经济发展。经济特区往往会采用给予关税或其他税收优惠、提供优质的基础设施或行政服务等财政或非财政措施；大多数国家或地区会建立经济特区管理机构，以规范经济特区发展。相比之下，深圳经济特区在政策深度与广度上具有较大优势。更重要的是，深圳经济特区的成功，不仅是由于深圳本身独一无二的地理位置、侨乡文化背景、特区内进行的各项改革与优惠政策，也与整个中国持续并深化改革开放的洪流、特区之外各项政策的推进息息相关。深圳经济特区的良好发展，对中国其他城市的改革与发展形成积极的外溢效应，其他城市经济改革的推进又进一步推动深圳经济特区的发展，彼此形成良好的正向反馈。深圳经济特区采用的关税优惠、税收优惠等政策具有普遍性，而深圳经济特区本身又是独一无二的。

（文字编辑：李桐）

参考文献

［1］《波兰经济特区情况及投资选择地的考虑》，商务部网站，http://pl. mofcom. gov. cn/article/ztdy/200605/20060502210630. shtml，2014年7月15日。

［2］波兰投资贸易署——波兰投资区，https://www. paih. gov. pl/why_poland/Polish_Investment_Zone。

［3］Eurofound：“波兰经济特区”，https://www. eurofound. europa. eu/nl/observatories/emcc/erm/support-instrument/special-economic-zones-sez。

［4］《PEZA荣获2022年南亚最佳经济区推广机构》，菲律宾经济区管理局（PEZA）网站，https://www. peza. gov. ph/press-releases/peza-awarded-best-economic-zone-promotion-southeast-asia-2022，2022年5月29日。

［5］《印中对话时间表（1997—2000）》，印度外交部网站，https://mea. gov. in/rajya-sabha. htm? dtl/9772/Q + 302 + + IndoChina + Talks，2000年3月。

［6］《李鹏会见印度外长辛格》，外交部网站 https://www. fmprc. gov. cn/chn/pds/gjhdq/gj/yz/1206_42/xgxw/t6067. htm，2001年1月14日。

［7］印度商工部商务司：《经济特区情况说明书》，http://sezindia. nic. in/upload/634908b5af04cImage_002. pdf。

［8］印度商工部商务司：《印度运营中经济特区列表》，http://sezindia. nic. in/cms/approved-sez-in-india. php。

［9］《肯尼亚经济特区投资指南（2022）》，https://www. sezauthority. go. ke/publication/document/2。

［10］《肯尼亚出口加工区管理局内罗毕 2022 年 3 月报告》，https：∥unctad. org/system/ files/non-official-document/aldc_2022_pdsd_pdw_ken_ppt_16-18_mar_benjamin_che-sang_eng. pdf。

［11］中国国际贸易促进委员会：《企业对外投资国别（地区）营商环境指南（肯尼亚 2021）》，https：∥www. ccpit. org/image/1473840398441926657/ae8877c36bf7486aa08 08be4f1955a4b. pdf。

［12］ *Special Economic Zones in Poland* （2020），https：∥invest-in-poland. eu/special-eco-nomic-zones-in-poland/.

［13］ Kumar，R. S. K.，"SEZs In India：Concept，Objectives and Strategies，" https：∥ www. gtap. agecon. purdue. edu/resources/download/4103. pdf，2008.

［14］ Farole，T.，*Special Economic Zones in Africa：Comparing Performance and Learning from Global Experiences*，World Bank Publications，2011.

The Heterogeneity of Shenzhen Special Economic Zone in the Light of the Development of Global Special Economic Zones

Hou Jia，*Lai Mianshan*

（China Center for Special Economic Zone Research，Shenzhen University，Shenzhen，Guangdong，518060）

Abstract：Globally，about three-quarters of the countries have established special economic zones （SEZs） of various forms. As one of the most successful cases of SEZs，Shenzhen SEZ attracts much attention and is also one of the most exceptional SEZs in the world. From the perspective of global SEZ development，this paper selects several countries with a large number of SEZs，including the United States，Poland，the Philippines，India，and Kenya，and sorts out the characteristics of their SEZ development status，management institutions，preferential policies，and foreign economic development effects. On this basis，this paper discusses the heterogeneity of Shenzhen SEZ in terms of its geographical location，historical background，and policy connotations from the perspective of foreign trade and utilization of foreign investment，points out the key policy connotations of SEZ, and analyzes the replicability of the Shenzhen experience.

Keywords：Global Special Economic Zones；Shenzhen Special Economic Zone；Heterogeneity

习近平生态文明思想与深圳经济特区实践研究[*]

乐小芳　陈婉群[**]

（深圳大学中国经济特区研究中心　广东　深圳　518060）

摘　要： 习近平生态文明思想基于人与自然之间的认识、价值和实践关系，从认识论、价值论和方法论等层面，以"为什么建设生态文明""建设什么样的生态文明""怎样建设生态文明"为逻辑内核。以文明观为中心，以自然观、民生观、发展观、政绩观、治理观、共赢观为子系统，构建了内涵丰富、逻辑严密、系统完整的习近平生态文明思想理论框架。新时期，深圳被赋予建设"中国特色社会主义先行示范区"和"率先打造人与自然和谐共生的美丽中国典范"的新使命，深入践行习近平生态文明思想，展现了深圳在生态文明建设上的新作为。

关键词： 习近平生态文明思想　"双区"建设　深圳实践

深圳市作为改革开放的"排头兵"和"试验田"，是一座创新之城，也是

---

[*]　本文为广东省哲学社会科学规划 2021 年党史特别委托项目"习近平生态思想在广东的实践"（项目编号：GD21TW08 – 02）及深圳市 2022 年哲学社会科学规划课题"习近平生态文明思想与深圳经济特区实践研究"（项目编号：sz2022D007）成果。

[**]　乐小芳，环境科学博士，深圳大学中国经济特区研究中心副教授，主要研究方向为环境经济学；陈婉群，深圳大学经济学院研究生。

一座绿色之城和生态之城。特区建立 40 多年来，通过不断创新，率先走出一条具有深圳特色的生态文明建设之路，实现了由单一注重经济发展到社会主义物质文明、政治文明、精神文明、社会文明、生态文明统筹发展的历史性跨越。

在我国发展的新时期，深圳被同时赋予建设"中国特色社会主义先行示范区"和"率先打造人与自然和谐共生的美丽中国典范"的新使命。深圳经济特区的实践经验中体现的要深入贯彻落实习近平总书记的生态文明建设新理念、新思想、新战略的相关启示，有助于新形势下进一步加强深圳生态文明建设，推进"双区"建设，推动深圳市全面绿色转型，实现高质量发展，同时对全国生态文明建设具有非常重要的借鉴意义。

一　习近平生态文明思想的逻辑内核和理论框架

习近平生态文明思想基于人与自然之间的认识、价值和实践关系，从认识论、价值论和方法论等层面，以"为什么建设生态文明""建设什么样的生态文明""怎样建设生态文明"为逻辑内核，以文明观为中心，以自然观、民生观、发展观、政绩观、治理观、共赢观为子系统，构建了内涵丰富、逻辑严密、系统完整的习近平生态文明思想理论框架（见图 1）。

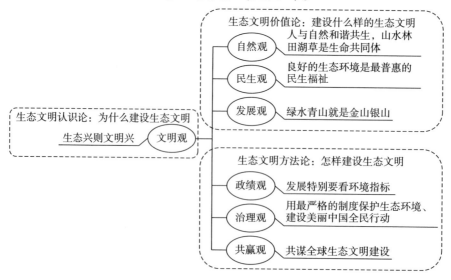

图 1　习近平生态文明思想逻辑内核和理论框架

（一）生态文明认识论：为什么建设生态文明

为什么建设生态文明是习近平生态文明思想逻辑体系的形成起点，从认识论的角度指导我们认识自然世界和人类社会运行的本质和发展规律。

习近平总书记指出，"纵观世界发展史，保护生态环境就是保护生产力，改善生态环境就是发展生产力"①，只有生态环境良好，文明才能存续。人类社会发展的经验也印证了"生态兴则文明兴"这一论断。四大文明古国都发源于生态环境优美的地区，而生态环境的衰退最终导致了古埃及、古巴比伦文明的衰落。我国的古丝绸之路盛极一时，但最终湮没于塔克拉玛干沙漠的蔓延。曾经繁华无比的楼兰古城也埋藏在万顷流沙之下。恩格斯在 19 世纪就指出，"我们不要过分陶醉于我们人类对自然界的胜利。对于每一次这样的胜利，自然界都对我们进行报复"②。工业革命以来，以高投入、高耗能、高消费为特征的工业文明，在人类物质生产取得巨大发展的同时，对地球资源的索取超出了合理的范围，对生态环境造成了严重的破坏。我国在经过了 40 多年的经济高速发展后，取得了举世瞩目的发展成就，但也产生了"难以弥补的生态创伤"。历史和现实都警示我们，建设生态文明是我们唯一的选择。

"生态兴则文明兴"体现了习近平生态文明思想的文明观，也是一种生态文明认识论，深刻揭示了自然生态与人类文明命运与共、兴衰相依的规律，成为新时代生态文明建设的历史和现实依据。

（二）生态文明价值论：建设什么样的生态文明

建设什么样的生态文明是习近平生态文明思想逻辑体系的终点，从价值论的角度阐述了习近平生态文明思想的价值取向和价值追求，主要体现在习近平生态文明思想的自然观、民生观和发展观三个方面。

1. 习近平生态文明思想的自然观坚持生命共同体理念

山水林田湖草是生命共同体，我国的现代化是人与自然和谐共生的现代化。

---

① 《习近平在海南考察：加快国际旅游岛建设 谱写美丽中国海南篇》，中国共产党新闻网，http://cpc. people. com. cn/n/2013/0411/c64094 - 21093668. html，2013 年 4 月 11 日。

② 恩格斯：《自然辩证法》，人民出版社，2015，第 314 页。

这些论断揭示了人与自然的存在关系和价值关系，是人与自然关系的本质反映。一方面，人与自然形成了紧密互利、不可分割的关系。因此，人与自然应该互利共生、协同进化，人类应该尊重自然、顺应自然和保护自然。另一方面，生态本身就是一个有机的系统，因此人类在保护自然、进行生态治理时应该树立大局观、全局观，统筹兼顾，坚持运用系统思维和整体观念，"全方位、全地域、全过程"开展生态文明建设。

2. 习近平生态文明思想的民生观是一种坚持生态为民、生态利民、生态惠民的理念

"良好的生态环境是最普惠的民生福祉"是习近平生态文明思想民生观的最好体现，回应了人民群众对优美生态环境的迫切需要，回答了生态文明建设为了谁、依靠谁、成果由谁共享等根本问题，蕴含了人民至上的深厚情怀，开创了党执政理念和执政方式的新境界。这一民生观，一方面，可以充分发挥人民群众在生态文明建设中的主体地位，调动广大人民的主动性和创造性；另一方面，人民群众对生态环境质量的满意度将成为检验生态文明建设成效的重要依据，也必将持续增强人民群众的获得感、幸福感和安全感。

3. 习近平生态文明思想的发展观坚持经济效益与生态效益的统一

"绿水青山就是金山银山"是这一发展观的形象体现。党的十八大以来，习近平总书记在多个场合对"两山"理念进行了深刻、系统的理论概括和阐释。"我们绝不能以牺牲生态环境为代价换取经济的一时发展"[1]"绿水青山和金山银山绝不是对立的，关键在人，关键在思路"[2]。转变发展理念、转换发展模式，具有自然财富和生态财富特性的"绿水青山"可以变成社会财富和经济财富。多地生态文明建设的实践也证明，保护生态环境就是在增值自然资本，就是在保护经济社会发展的潜力和后劲。

---

[1] 《为了中华民族永续发展——习近平总书记关心生态文明建设纪实》，《人民日报》2015 年 3 月 10 日，第 1 版。

[2] 《习近平参加贵州团审议》，中国共产党新闻网，http://cpc.people.com.cn/n/2014/0307/c64094-24560495.html，2014 年 3 月 7 日。

（三）生态文明方法论：怎样建设生态文明

这是习近平生态文明思想逻辑体系中衔接起点和终点的支撑桥梁，体现了习近平生态文明思想的方法论。习近平总书记从如何处理发展与保护的关系等多个维度系统阐述了"如何建设"生态文明的道路和方法，主要体现在习近平生态文明思想的政绩观、治理观和共赢观三个方面。

1. 习近平生态文明思想的政绩观强调"发展特别要看环境指标"

政绩观和发展观密切相连，有什么样的政绩观，就有什么样的发展观，因此，要坚持经济效益与生态效益统一的发展观，必须有基于科学的考核方法和用人导向的政绩观。过去很长一段时间，出现了唯 GDP 数据论英雄的"锦标赛"竞争，引发了诸多社会问题。针对这一情况，习近平总书记明确指出，"不仅要看经济增长指标，还要看社会发展指标，特别是人文指标、资源指标、环境指标"①，"要完善经济社会发展考核评价体系，把资源消耗、环境损害、生态效益等体现生态文明建设状况的指标纳入经济社会发展评价体系"②，"地方各级党委和政府主要领导是本行政区域生态环境保护第一责任人"③，把生态环保"考核结果作为各级领导班子和领导干部奖惩和提拔使用的重要依据"④。这一政绩观的转换，让各级领导干部树立了"经济增长是政绩，保护环境也是政绩"的正确理念，有力促进了各级政府统一认识、自觉全面推动生态文明建设。

2. 习近平生态文明思想的治理观强调全民路线和法治手段

全民路线的治理观涵盖了治理主体和治理手段的双重维度，和"为民、利民、惠民"生态民生观紧密联系，良好的生态环境是最普惠的民生福祉，生态治理也更要依靠广大人民，发挥广大人民群众的积极性和创造性。习近平总书

---

① 《天天学习 | 万物各得其和以生　各得其养以成》，"光明网"百家号，https://m.gmw.cn/baijia/2020-08/14/34088903.html，2020 年 8 月 14 日。

② 《习近平：坚持节约资源和保护环境基本国策　努力走向社会主义生态文明新时代》，中国共产党新闻网，http://cpc.people.com.cn/n/2013/0525/c64094-21611332.html，2013 年 5 月 25 日。

③ 《习近平：坚决打好污染防治攻坚战　推动生态文明建设迈上新台阶》，《人民日报》2018 年 5 月 20 日，第 1 版。

④ 《习近平：坚决打好污染防治攻坚战　推动生态文明建设迈上新台阶》，《人民日报》2018 年 5 月 20 日，第 1 版。

记特别强调生态文明建设的全民路线，他提出"不重视生态的政府是不清醒的政府……不重视生态的企业是没有希望的企业，不重视生态的公民不能算是具备现代文明意识的公民"①。党的十九大报告明确指出，要"构建政府为主导、企业为主体、社会组织和公众共同参与的环境治理体系"。党的二十大报告强调，"健全共建共治共享的社会治理制度，提升社会治理效能"。

生态治理的严密法治手段旨在实现生态环境的长效治理。习近平总书记多次指出，要"把生态文明建设纳入制度化、法治化轨道"②，"只有实行最严格的制度、最严密的法治，才能为生态文明建设提供可靠保障"③，"在生态环境保护问题上，就是要不能越雷池一步，否则就应该受到惩罚"④。如今，用最严格制度、最严密法治保护生态环境已经成为全党全社会的共识和行动。

3. 习近平生态文明思想的共赢观坚持共谋全球生态文明建设

在经济全球化的时代，人类面临着气候变化、生态破坏、能源安全等诸多共同挑战，全球唯有通力合作才能让全球生态文明之路行稳致远。党的十八大以来，习近平总书记就人类的可持续发展，提出了一系列重要倡议和主张，多次强调"面对生态环境挑战，人类是一荣俱荣、一损俱损的命运共同体，没有哪个国家能独善其身"⑤，主张"国际社会应该携手同行，共谋全球生态文明建设之路"⑥。在这一思想的引领下，我国积极参与气候变化、生物多样性等国际性合作和全球环境治理，已成为全球生态文明建设的重要参与者、贡献者和引领者。

---

① 《绿水青山就是金山银山——习近平总书记在浙江的探索与实践·绿色篇》，《浙江日报》2017 年 10 月 8 日，第 1 版。

② 《习近平：树立"绿水青山就是金山银山"的强烈意识》，《人民日报》2016 年 12 月 3 日，第 1 版。

③ 《习近平：坚持节约资源和保护环境基本国策 努力走向社会主义生态文明新时代》，中国共产党新闻网，http://cpc.people.com.cn/n/2013/0525/c64094-21611332.html，2013 年 5 月 25 日。

④ 《习近平：坚持节约资源和保护环境基本国策 努力走向社会主义生态文明新时代》，中国共产党新闻网，http://cpc.people.com.cn/n/2013/0525/c64094-21611332.html，2013 年 5 月 25 日。

⑤ 《习近平：共谋绿色生活，共建美丽家园》，《人民日报》2019 年 4 月 29 日，第 2 版。

⑥ 《习近平在第七十届联合国大会一般性辩论时的讲话》，《人民日报》2015 年 9 月 29 日，第 2 版。

二　习近平生态文明思想的深圳经济特区实践

（一）践行生态自然观：筑牢深圳市生态安全防线

深圳市经济特区建立 40 多年以来，经济高速发展，创造了人类历史上城市建设的奇迹，但是也逐渐面临资源环境的巨大约束压力。在"四个难以为继"①成为制约城市未来发展核心矛盾的背景下，深圳于 2005 年 11 月在国内率先划定了基本生态控制线，发布了《深圳市基本生态控制线管理规定》和《深圳市基本生态控制线范围图》，在全国开创了城市生态系统管理的先河。深圳市规定生态线内土地面积为 974 平方公里，约占全市总面积的 49.9%。随后经历了逐步深化细化、不断完善的过程。2006 年，组织了生态线内现状建设及地貌状况的全面普查，从 2006 年开始利用卫星遥感技术对生态线内的违法建设行为进行监测，并根据监测结果及实地调查，进行违法建筑拆除和土地"复绿"工作；2007 年，发布《深圳市人民政府关于执行〈深圳市基本生态控制线管理规定〉的实施意见》。为了进一步提高生态线管理的精细度和可操作性，强化线内土地生态功能的合理性，2007 年底，遵循生态优先、占补平衡、布局优化的原则，着手进行基本生态控制线优化调整。2013 年，深圳修正《深圳市基本生态控制线管理规定》，并相应发布《深圳市人民政府关于进一步规范基本生态控制线管理的实施意见》，实现了全市基本生态控制线的局部优化调整，提出建立基本生态控制线信息调查和分区管制制度。2016 年，又进一步提出生态控制线分级分类管理制度，对重要生态功能区和非重要生态功能区进行分类管理，调整思路也从局部优化调整转化为动态优化调整，这一管理思路更好地兼顾了城市发展的相关需求。2016～2021 年，深圳市规划和自然资源局发布了 14 个与生态控制线调整相关的通告与公示，但总的生态控制线面积保持不变。

2017 年，全市 498 平方公里的海域划入广东海洋生态红线，全市保有自然

---

① 一是土地、空间有限；二是能源、水资源基本依赖外地供给；三是城市不堪人口重负，深圳人口密度远远超出其他大中城市；四是环境容量已严重透支。

岸线 100.4 公里，大陆自然岸线保有率 38.5%。2018 年起，坚持"应划尽划、能留则留"，将 24% 的土地划入生态保护红线，对全市生态功能极重要区和生态环境极敏感区实现强力保护，覆盖了全部生物多样性热点区域，严守城市生态安全底线。2021 年，深圳市印发实施《深圳市"三线一单"生态环境分区管控方案》，建立市—区—街道—单元四级生态环境空间管控体系，进一步推进了生态保护的精细化管理。该方案通过协调空间、能源、资源与环境的关系，率先打造人与自然和谐共生的美丽中国典范。

（二）践行绿色发展观：建立生态系统生产总值核算制度体系

生态系统生产总值（GEP）是指，生态系统为人类和经济社会提供的最终产品与最终服务的价值总和，一般由三个部分组成：物质产品价值、调节服务价值、文化服务价值。

深圳早在 2014 年便以盐田区为试点，开启了城市 GDP 核算的探索，在国内率先尝试建立 GDP 和 GEP"双核算、双运行、双提升"工作机制。紧跟其后，深圳市其他区先后开展了 GEP 核算探索。结合各区 GEP 核算探索工作，深圳市从 2017 年起，历时 4 年，综合运用遥感、地面调查、模型分析等方法，系统分析了深圳生态系统的时空演变特征和趋势，掌握了深圳生态系统结构、功能数据，全面摸清了深圳市生态家底，为深圳全市 GEP 核算打下坚实基础。2019 年 8 月，《中共中央　国务院关于支持深圳建设中国特色社会主义先行示范区的意见》明确要求，深圳"探索实施生态系统服务价值核算制度"；2020 年 10 月，中共中央办公厅、国务院办公厅印发的《深圳建设中国特色社会主义先行示范区综合改革试点实施方案（2020—2025 年)》进一步要求，"扩大生态系统服务价值核算范围"；2021 年 3 月，深圳发布全国首个 GEP 核算制度体系，给绿水青山"定价"，为绿色发展定向，也是深圳以先行示范标准实现碳达峰、碳中和的重要抓手。2021 年 9 月正式实施的《深圳经济特区生态环境保护条例》要求，"定期对生态系统生产总值进行统计核算并公布核算结果"。

深圳 GEP 核算体系由四个部分组成：GEP 核算实施方案、GEP 核算地方标准、GEP 核算统计报表制度、GEP 核算自动核算平台。其中，实施方案起统领作用。

国家发改委认为，深圳率先建立了完整的生态系统生产总值（GEP）核算制度体系。通过深圳 GEP 核算体系，深圳市生态系统服务价值将实现精确核算，为深圳持续改善生态环境提供重要依据，深圳绿色低碳可持续发展将迎来新的"指挥棒"。"十三五"期间深圳 GEP 试算结果表明，占行政区面积49%的基本生态控制线区域提供了全市 GEP 的71%，[①] 这说明了生态控制线所划定的生态保护区在深圳 GEP 中起到的"压舱石"作用，更明确体现了生态控制线在保护生态环境方面的重要作用。传统 GDP 核算不能衡量自然资源、生态环境的存在价值及破坏成本，GEP 核算体系可以有效弥补这一缺陷，不仅可以将生态系统提供的物质产品有价化，而且可以将生态系统提供的调解服务、文化服务有价化。也就是说，GEP 不仅可以算"产品账"，还可以算"生态账"。这有利于各级政府加速转变"唯 GDP"的政绩观，实现深圳市低碳高质量发展。

（三）践行基本民生观：坚持生态惠民、利民、为民

习近平总书记指出，"良好生态环境是最公平的公共产品，是最普惠的民生福祉"[②]，这成为深圳市生态文明建设的价值取向。深圳市政府坚持生态惠民、利民、为民的宗旨，紧扣民生所需，解决民众普遍关心、普遍反映的问题，努力为民众提供蓝天、碧水、净土等优质生态公共产品。

水污染治理作为深圳最大的民生工程，取得了卓有成效的阶段性成果。2019 年消除了全市 159 个黑臭水体、1467 个小微黑臭水体，率全国之先；全市 21 个地表水国考、省考断面水质在 2021 年全面达到Ⅳ类及以上标准。

"深圳蓝"可持续行动计划也取得了重大成效，全市的生态环境质量持续改善。雾霾元凶 $PM_{2.5}$ 浓度持续下降，2021 年创造了有监测数据以来最好的水平，年均浓度降至 18ug/m³；空气质量优良天数占比连续多年在96%以上。全市空气质量综合指数在 168 个重点城市中，连续多年排名前十。

深圳市也一直努力提升绿地生态服务功能，人民群众生态环境获得感不断

① 《从城市 GEP 到"环境修复费"》，《南方日报》2022 年 9 月 30 日。
② 《为了中华民族永续发展——习近平总书记关心生态文明建设纪实》，《人民日报》2015 年 3 月 10 日，第 1 版。

增强。深圳市森林覆盖率长期稳定在 40% 左右。截至 2021 年，深圳市建设陆域自然保护地 25 处，占市陆域面积的 24.75%。其中，国家级自然保护区 1 处，国家级风景名胜区 1 处，国家级森林公园 1 处，国家级地质公园 1 处，国家级湿地公园 1 处，省级森林公园 1 处，市级自然保护区 3 处，市级森林公园 7 处，市级湿地公园 8 处，区级湿地公园 1 处。2021 年，全市新增公园 32 个，公园总数达 1238 个，从一个 "千园之城" 转变为 "公园之城"，让人们生活在公园当中。公园总面积达 38037.87 公顷，公园绿地 500 米服务半径覆盖率达到 90.87%。新增立体绿化面积 20 万平方米，建成区绿化覆盖率达到 45.1%。新建、改造绿道 60 公里，绿道总长度达到 2843.26 公里，密度超过 1.2 公里/公里^2。新建郊野径 260 公里。[1] 根据《深圳市公园城市建设总体规划暨三年行动计划（2022—2024 年）》，到 2035 年，深圳将全面建成 "山、海、城、园" 有机融合、全民共享共惠、充满活力的全域公园城市。

深圳市基于民生观，努力提升环境基础设施建设水平，增强深圳市绿色竞争力。2021 年，深圳市绿色竞争力在全国 289 个大中城市中排名第一，深圳绿色发展动能强劲。

（四）践行绿色政绩观：建立生态文明建设考核体系

2007 年，深圳市委、市政府印发《深圳市环境保护实绩考核试行办法》，2008 年 3 月，深圳开展第一次环保实绩考核，并于 2013 年将 "环境保护实绩考核" 升级为 "生态文明建设考核"。考核范围覆盖 11 个区（新区、合作区）、19 家市直部门及 12 家重点企业，考核对象为各区、市直部门以及重点企业的领导班子和党政正职。[2] 从 2011 年起，生态文明建设考核纳入深圳市管领导班子的年度考核指标体系，实行 "一票否决" 制。深圳市各区党政领导班子年度考核中，生态文明建设考核结果占到总分的 11.2%，超过 "经济发展" 的权重（8%）。[3]

---

[1] 《2021 年度深圳市生态环境状况公报》，深圳市生态环境局，http://meeb. sz. gov. cn/xxgk/tjsj/ndhjzkgb/content/post_9843705.html，2022 年 6 月 2 日。

[2] 《深圳 5 项生态文明领域制度创新全国推广》，《深圳特区报》2022 年 5 月 24 日。

[3] 魏真：《深圳市生态文明建设的探索与实践》，《特区经济》2018 年第 7 期。

深圳生态文明建设考核突出绿色发展导向，狠抓"一把手"落实，有效引导了各级干部执政观念和发展理念的转变，增强了生态文明建设工作的主动性。同时，促进了生态文明建设工作机制的建立和有效运行，各区及其他考核单位"一把手"均将重大环境保护问题列入专题研究范围，各区政府建立生态文明建设重大问题例会制度。生态文明建设考核体系显著增强了环境管理能力，有效促进了深圳市环境质量提升，被新华社称作"生态文明建设第一考"。①

（五）践行严密法治观：完善经济特区生态文明法治体系

深圳经济特区自 1992 年获得立法权以来，深圳市人大及其常委会勇于开展机制、体制创新，环境保护地方法规体系建设进入快车道，截至 2021 年 6 月，深圳先后出台 30 余部生态环保类地方法规、规章，40 余部地方标准和技术规范，初步形成与国家法律及地方法规相配套，且具有深圳特色的生态环保法规标准体系。

1994 年 9 月，《深圳经济特区环境保护条例》出台，是较早规定自然资源开发者必须缴纳生态补偿费的环保地方法规。1994 年 12 月出台的《深圳经济特区饮用水源保护条例》，对饮用水源地实行水源保护区划线。2000 年以后，深圳开展了多项环境保护专项治理行动，并完成多项环境保护类条例的修正，有力促进了深圳环境改善。2005 年发布的《深圳市基本生态控制线管理规定》，在国内率先划定了基本生态控制线，是国家生态红线制度的先行地。2013 年，深圳开展重污染企业信用等级评定，根据企业的环保信用等级，采取相应的激励或惩罚措施。2016 年，深圳在全国首推行政处罚案件认错认罚从宽制度。同年，《深圳经济特区环境保护条例（修订征求意见稿）》通过微信举行听证会，推动公众参与环保立法，这在立法领域尚属首次。2018 年，深圳市试行生态损害赔偿制度，建立司法行政等部门"责任制"。

2020 年 10 月发布的《深圳经济特区绿色金融条例》，是我国第一部地方制定的绿色金融条例，在全国率先构建绿色信贷、绿色投资以及投资后管理制度，

---

① 《深圳 5 项生态文明领域制度创新全国推广》，《深圳特区报》2022 年 5 月 24 日。

规范金融机构的事前防范、事中审批和事后监管责任。2020年发布的《深圳经济特区生态环境公益诉讼规定》，是国内首部关于生态环境公益诉讼的地方法规。2021年9月，《深圳经济特区生态环境保护条例》正式实施，是国内第一部环境保护全链条立法，率先对应对气候变化做出规定，将碳达峰、碳中和纳入生态文明建设整体布局，创新生态保护与修复制度，为生态环境保护提供有力法治保障。紧紧围绕"可持续发展先锋"的战略定位、率先打造美丽中国典范的战略目标，做出了一系列制度创新。2022年3月，出台《深圳经济特区绿色建筑条例》，首次将工业和民用建筑一并纳入立法调整范围，并创新性规定了建筑领域碳排放控制目标和重点碳排放建筑名录。在国家提出"双碳"目标以及城乡建设绿色发展的大背景下，深圳充分发挥特区立法权优势，率先构建推动绿色建筑高质量发展的法律制度。

（六）践行共同治理观：共谋全球生态文明建设

20世纪90年代，深圳已经努力摆脱"高耗能、高增长、高污染"的传统模式，发展高技术产业。21世纪以来，谋划战略性新兴产业和未来产业，以推进产业发展、资源保护和生态环境的协同发展。近年来，深圳在全球气候变化、生物多样性保护和生态环境治理领域积累了较为成熟的实践经验。

"十三五"期间，深圳市碳排放总量增幅逐步放缓，碳排放强度持续下降，单位GDP二氧化碳排放量较2015年下降26.85%，仅为全国平均水平的1/5，明显低于北京、上海、广州等国内一线城市，达到国际先进水平，初步形成具有深圳特色的低碳发展模式。随着"双碳"目标的落地以及"双区"建设的纵深推进，深圳市面临产业结构和能源结构进一步优化空间有限、内部挖潜减排难度增大等困难。深圳市持续深化碳排放权交易试点，继续发挥先行示范作用，为全国碳市场建设提供深圳方案；建立健全深圳碳普惠体系，加快形成绿色生产生活方式；全力推进气候投融资机制改革，引进境外资金投资境内气候项目；探索建立深圳市绿色产业认定规则体系，规范和推动绿色产业有序发展；大力开展近零碳排放区示范工程试点建设工作，探索超大城市零碳发展的可行路径。积极参与国际绿色能源合作，加快构建粤港澳一体化新能源体系。

深圳高度重视生物多样性保护工作，早在 1983 年，就建立全市最重要的植物科学综合研究基地——仙湖植物园，以促进植物资源的收集、引种、驯化等植物迁地保育工作为核心。1993 年建立野生动物园，并以其为放养式野生动物迁地保护中心，繁育 300 多种近万头（只）野生动物。2010 年，启动坝光银叶树群保育项目，建立我国唯一的古银叶树湿地园，以保护迄今发现最完整、树龄最大的天然银叶树群落。2012 年，对首批 500 株人工繁育的紫纹兜兰种苗实施野外放归，标志我国野生兰科植物保护发展进入新阶段。2013 年以来，以深圳市野生动物救护中心为主体，救护森林公安、海关、边防等执法部门以及市民报告移交的野生动物活体。2014 年 3 月，深圳市政府建立了第一个自然保护小区——梅林水库仙湖苏铁自然保护小区，就地保护珍稀濒危野生植物物种或珍贵植物群落类型，改善珍稀濒危物种生存状况。建立国家苏铁种质资源保护中心、国家蕨类植物种质迁地保存中心、全国兰科植物种质资源保护中心及深圳国家基因库，深圳成为国内仅有的具有 3 个国家级种质资源保护中心的城市，并拥有我国唯一的国家基因库，在种质资源调查、收集、保育、利用、科研与科普等方面取得突破。2021 年发布的《深圳市生物多样性保护白皮书》，是我国第一部城市生物多样性保护白皮书。2022 年，发布《深圳市生物多样性保护行动计划（2020—2025 年）》，以"打造人与自然和谐共生的美丽中国典范"。深圳市生物多样性治理的新格局基本形成，生物多样性保护取得了显著成效，走出了城市生物多样性保护之路。

深圳牢固树立绿色发展理念，绿色竞争力稳居全国首位，成为首批"国家可持续发展议程创新示范区"之一。系统推进绿色交通系统建设，率先实现公交车、出租车 100% 纯电动化；新建民用建筑 100% 执行建筑节能和绿色建筑标准；深圳市不断提升能源资源利用效率，单位 GDP 碳排放强度、能耗、水耗持续降低，分别约为全国平均水平的 1/5、1/3 和 1/8。

深圳决战污染防治攻坚，环境治理能力显著增强，生态环境质量显著改善。空气质量优良天数比例持续达 96% 以上；在全国率先实现全市域消除黑臭水体，水生态环境修复取得初步成效；在全国率先完成土壤环境质量普查，土壤环境质量状况总体持续保持稳定。

参考文献

［1］《习近平在海南考察：加快国际旅游岛建设 谱写美丽中国海南篇》，中国共产党新闻网，http://cpc. people. com. cn/n/2013/0411/c64094 – 21093668. html，2013 年 4 月 11 日。

［2］恩格斯：《自然辩证法》，人民出版社，2015，第 314 页。

［3］《为了中华民族永续发展——习近平总书记关心生态文明建设纪实》，《人民日报》2015 年 3 月 10 日，第 1 版。

［4］《习近平参加贵州团审议》，中国共产党新闻网，http://cpc. people. com. cn/n/2014/0307/c64094 – 24560495. html，2014 年 3 月 7 日。

［5］《天天学习 | 万物各得其和以生 各得其养以成》，"光明网"百家号，https://m. gmw. cn/baijia/2020 – 08/14/34088903. html，2020 年 8 月 14 日。

［6］《习近平：坚持节约资源和保护环境基本国策 努力走向社会主义生态文明新时代》，中国共产党新闻网，http://cpc. people. com. cn/n/2013/0525/c64094 – 21611332. html，2013 年 5 月 25 日。

［7］《习近平：坚决打好污染防治攻坚战 推动生态文明建设迈上新台阶》，《人民日报》2018 年 5 月 20 日，第 1 版。

［8］《绿水青山就是金山银山——习近平总书记在浙江的探索与实践·绿色篇》，《浙江日报》2017 年 10 月 8 日，第 1 版。

［9］《习近平：树立"绿水青山就是金山银山"的强烈意识》，《人民日报》2016 年 12 月 3 日，第 1 版。

［10］《习近平：共谋绿色生活，共建美丽家园》，《人民日报》2019 年 4 月 29 日，第 2 版。

［11］《习近平在第七十届联合国大会一般性辩论时的讲话》，《人民日报》2015 年 9 月 29 日，第 2 版。

［12］《从城市 GEP 到"环境修复费"》，《南方日报》2022 年 9 月 30 日。

［13］《2021 年度深圳市生态环境状况公报》，深圳市生态环境局，http://meeb. sz. gov. cn/xxgk/tjsj/ndhjzkgb/content/post_9843705. html，2022 年 6 月 2 日。

［14］《深圳 5 项生态文明领域制度创新全国推广》，《深圳特区报》2022 年 5 月 24 日。

［15］魏真：《深圳市生态文明建设的探索与实践》，《特区经济》2018 年第 7 期。

（文字编辑：章平）

Study on Xi Jinping's Thoughts on Ecological Civilization and the Practices of Shenzhen Special Economic Zone

Le Xiaofang, *Chen Wanqun*

(China Center for Special Economic Zone Research, Shenzhen University,

Shenzhen, Guangdong, 518060)

Abstract: Based on the understanding, value and practice of relationship between man and nature, Xi Jinping's thought on ecological civilization answers the questions of "why to build ecological civilization", "what kind of ecological civilization to be built" and "how to build ecological civilization" at the levels of epistemology, value theory and methodology. In the new era, Shenzhen has been entrusted with the new mission of building a "pilot demonstration area of socialism with Chinese characteristics" and "taking the lead in creating a beautiful China model of harmonious coexistence between human and nature", Shenzhen has been deeply practicing Xi Jinping's thought on ecological civilization, creating a safe and efficient production space, a comfortable and livable living space, and an ecological space with blue water and blue sky, and to become a pioneer of sustainable development with the quality of ecological environment reaching international advanced level.

Keywords: Xi Jinping's Thought on Ecological Civilization; Construction of "Two Zones"; Shenzhen Practice

深圳都市圈产业协作发展的城际差异及比较优势研究[*]

周轶昆　张培喜[**]

（深圳大学中国经济特区研究中心　广东　深圳　518060）

摘　要： 深圳都市圈是广东省重点培育、着力打造的五大都市圈之一。在推动粤港澳大湾区建设世界一流都市圈的背景下，深圳都市圈空间结构与形态已发生明显变化，产业协作发展进入了一个新阶段。本文在分析深圳都市圈产业协作发展的城际差异基础上，进一步研究了深圳都市圈产业协作发展的比较优势，并提出了推动深圳都市圈产业协作发展的主要思路。

关键词： 深圳都市圈　产业协作发展　城际差异

一　深圳都市圈产业协作发展的城际差异分析

（一）深圳的优势与劣势分析

1. 深圳的优势

（1）综合竞争力位列内地城市榜首。深圳是中国特色社会主义先行示范

---

 *　本文为深圳大学中国经济特区研究中心资助课题"深圳都市圈发展困境研究"研究成果。

**　周轶昆，经济学博士，深圳大学中国经济特区研究中心讲师，硕士生导师，主要研究方向为区域经济、产业经济；张培喜，深圳大学理论经济学硕士研究生。

区，国务院批复建立的首批经济特区之一、全国性经济中心城市和国际化城市。在中国社科院发布的《中国城市竞争力报告 No.19》中，2020 年深圳综合竞争力位列内地城市榜首，而在 2021 年的榜单中则位列第 2，从整体来看，深圳市城市竞争力长期维持在全国前列。2021 年，深圳地区生产总值（GDP）达 30664.85 亿元，占深圳都市圈的 65.9%、珠三角的 30.5%，已进入亚洲城市前 5 名，人均 GDP 达到 173663 元。2021 年，货物进出口总额达到 35435.57 亿元，其中出口总额为 19263.41 亿元，出口总额连续 29 年居内地大中城市首位，占全国出口总额的 8.86%，占广东省出口总额的 38.12%。2021 年，一般公共预算收入达到 4257.76 亿元，分别是东莞的 5.5 倍和惠州的 9.3 倍。

（2）水陆空铁口岸俱全。深圳是粤港澳大湾区四大中心城市之一、国际性综合交通枢纽，是中国出入境人员最多、拥有口岸数量最多、车流量最大的口岸城市。《深圳市综合交通"十四五"规划》提出两个阶段发展目标，2025 年基本建成交通强国城市范例，2035 年率先建成现代化综合交通运输体系，成为全球交通运输创新引领者。2021 年，深圳港吞吐量达 2877 万标准箱，居中国内地第 3 位；机场旅客吞吐量达 3635.8 万人次，同比下降 3.5%，但降幅较 2020 年大幅收窄约 25 个百分点，居国内第 3 位，在国际机场协会（ACI）公布的《2020 年全球机场报告》中，深圳机场是最繁忙的机场之一，位列全球第 5。

（3）自主创新能力不断增强。自 2005 年起，深圳市高新技术产品产值稳居全国首位，2020 年达到 27849 亿元，实现增加值 9747 亿元，占 GDP 的 35%；研究开发投入 1510.8 亿元，占 GDP 的比重达到 5.5%，已经超过了发达国家的平均水平。华为和中兴的企业研发投入和专利申请量均跃升至行业的全球领先水平。2020 年，深圳知识产权产出保持稳定增长，数量和质量大幅提升，专利申请量达 310206 件，同比增长 18.62%。其中，发明专利申请量达 89869 件，同比增长 8.47%；国内专利授权 222412 件，同比增长 33.49%，居全国首位。

（4）战略性新兴产业发达。深圳七大战略性新兴产业包括新一代信息技术产业、海洋经济产业、绿色低碳产业、高端装备制造产业、数字经济产业、新材料产业和生物医药产业。2021 年，深圳战略性新兴产业增加值已经达到 12146.37 亿元，比上年增长 6.7%，占 GDP 比重达 39.6%。其中，新一代电子信息产业增加值 5641.66 亿元，增长 1.2%，占战略性新兴产业增加值的 46.45%；海洋经济产业增加值 593.80 亿元，增长 14.5%；绿色低碳产业增加值 1386.78 亿元，增长 8.8%；高端装备制造产业增加值 506.53 亿元，增长 19.4%；数字与时尚产业增加值 3103.66 亿元，增长 13.0%；新材料产业增加值 324.34 亿元，增长 10.0%；生物医药与健康产业增加值 589.60 亿元，增长 7.6%。深圳国家级高新技术代表企业有华为、腾讯、比亚迪、中兴通讯、柔宇科技等上市公司，大疆、云天励飞、奥比中光、碳云智能等独角兽企业与优必选科技、飞亚达、丰巢科技等知名企业。

（5）市场化程度较高。作为改革开放的排头兵、先行地和试验区，深圳的市场经济活跃、民间资本充裕、创业创新环境优越、营商环境一流，是我国市场化程度最高的地区之一。深圳具有相对完善的市场经济体系和市场配置资源基础，同时具有特区立法权和较大市立法权。立法先行先试是深圳经济特区最大的制度优势，尤其是需要在一些领域进行突破及创新性改革时，灵活运用特区立法权，把立法的制度优势转化为发展的动力优势，为全面深化改革保驾护航。

2. 深圳的劣势

（1）城市发展空间亟须拓展。深圳的土地开发强度达到 50%，城市人口密度高于香港、上海和北京，是全国人口密度最高的城市，基础设施、城市治理、公共服务配套面临巨大压力。用地紧张进一步推升了深圳房价，华为因用地问题叠加高房价影响，2018 年将深圳坂田基地正式搬迁至东莞松山湖。

（2）生态环境仍需优化。深圳是国内严重缺水城市之一，长期依靠东深供水工程和东江水源工程从外地引水。2020 年，深圳境外引水量达 17.8 亿立方米，占总供给水量的 88.15%。深圳共有五大流域四大水系 310 条河流，虽然 2018 年跨界河流水质实现历史性转折，但多数河段水质未达到国家地表水 Ⅲ 类标准，西部近岸海域海水水质甚至劣于 Ⅳ 类标准。水资源短缺、生态环境污染等问题不能单靠一个城市独立解决，必须从区域整体的视角加强深圳都市圈的生态保护，打造可持续的生态环境。

（二）东莞的优势与劣势分析

1. 东莞的优势

（1）先进制造业产业集群加速崛起。东莞地处大湾区核心地带、走廊中部脊梁，面临新一轮经济腾飞的重大历史性机遇。东莞与香港、台湾制造业联系密切，对全球信息产业发展影响重大。随着产业转型升级、营商环境不断改善，东莞从最初的"三来一补"模式逐步向有全球影响力的先进制造业基地转变。东莞拥有17.8万家工业企业，集聚了1万家规上工业企业，规上总产值突破2万亿元，在全国排名第2。先进制造业、高技术制造业分别占规上工业增加值的50.9%和37.9%。东莞形成了电气机械、食品饮料、造纸、电子信息、纺织服装五大支柱产业，家具、玩具、化工、包装印刷四大特色产业的产业体系和完整产业链。在2021年工业和信息化部发布的《先进制造业集群决赛优胜者名单公示》中，来自东莞的两个先进制造业集群（广东省东莞市智能移动终端集群、广东省广深佛莞智能装备集群）入选"国家队"，这意味着东莞正在从加工制造业中心向先进制造业中心升级。

（2）会展经济差异化发展。东莞会展业较为发达，并坚持走差异化发展道路。从争做"中国展览之都"，到跻身"会展名城"，再到"华南工业展览之都""广东国际会议之都"，东莞会展业不断根据自身实际情况和经验总结，调整会展业发展方向，谋求适合东莞会展业成长的道路。加博会、海丝博览会、智博会、名家具展等一系列高规格大型展会每年在东莞举办。截至2019年底，东莞平均每6天就有一个成规模的展会。东莞初步实现了会展业国际化、品牌化、专业化和标准化，蝉联"中国最具竞争力会展城市"称号，对推动东莞加快对外开放、产业转型升级和增强城市发展竞争力发挥了积极作用。

2. 东莞的劣势

（1）产业创新缺乏内在动力。东莞制造业的关键核心技术"缺芯少核"问题仍较突出，高端资源要素集聚能力有待加强。产业转型升级面临较大压力，企业对技术技能型人才的需求量较大，尤其是在智能制造方面，如工业机器人工程师、维修工等需求很大。但东莞产业工人技能素质普遍偏低，专业技能人才和高层次人才支撑不足。东莞夹在广深人才高地之间，在人才引进上一度处于"虹吸"劣势。东莞作为 GDP 过万亿元、人口超千万人的城市，如何将人口优势转化为人才优势，打造"创新创业人才高地"和"技能人才之都"，推动科技创新能力提升，是东莞持续保持高质量发展优势的时代命题。

（2）产业链供应链现代化水平不高。东莞经济外向型特征明显，外贸依存度全国最高。绝大多数电子信息企业以代工为主，产业层次整体偏低，缺乏自主品牌，没有或对自己的品牌营销渠道投入较少，对特定产业特定企业依赖性较强，产业发展基本受外部企业主导。发展质量和效益与先进城市相比仍有差距，战略性新兴产业、新动能、生产性服务业亟待加快培育。

（3）可用土地资源和环境承载能力逼近极限。东莞资源要素约束趋紧，高质量产业发展空间不足，部分重大项目落地困难，招商难度进一步加大。土地空间碎片化，空间资源投放分散，连片可用土地资源缺乏，土地集约节约利用水平不高。土地开发强度从不到 5% 提升至 46.7%，已经远超 30% 的国际警戒线。环境承载能力已经逼近极限，生态环境污染治理任务仍然艰巨。东莞已从依靠产业推动城市发展迈向城市引领产业发展的新阶段，城市更新将会成为推动城市转型和产业升级的重要手段。但目前的"三旧"改造对城市品质提升支撑以及产业转型升级融合不够，城市更新重构利益平衡机制难度大，城市间资源要素的竞合关系更加复杂。

（三）惠州的优势与劣势分析

1. 惠州的优势

（1）自然资源禀赋相对丰裕。惠州土地面积 11347 平方公里，占整个珠三角的 20.8%，是深圳的 5.7 倍、东莞的 4.5 倍，土地资源可利用程度在全国 200个大中城市中排第 25 位左右。尽管土地总量相对周边城市较为充足，但建设用地和耕地占比仍为少数，这意味着惠州在优化用地结构、提高土地效能上仍需不断加力。惠州是广东省的海洋大市之一，海域面积达 4520 平方公里，海岸线长 281.4 公里。广东省三大水系之一的东江及其支流西枝江横贯境内，淡水资源丰富，是供给深圳等周边城市的主要水源。

（2）石化能源新材料产业集群蓄势待发。惠州大力发展优势石化产业集群,大亚湾石化区综合实力连续多年位居中国化工园区前列。为推动石化支柱产业由单一的石化产业转向较为完整的石化能源新材料产业体系,惠州提出用8~10年时间打造石化能源新材料万亿级产业集群,依托不断壮大的石化产业,重点发展新能源与新材料产业,延长石化产业链条,实现产业相融互通。随着埃克森美孚、恒力石化、正威集团、出光润滑油公司等行业龙头企业重大项目落地,石化能源新材料产业呈现集聚发展、规模扩大、技术提升的良好态势。

(3)乡村振兴潜力巨大。惠州是广东省的农业大市和粮食主产区之一,农牧业资源丰富。2020年,有耕地面积224.3万亩,粮食作物播种面积169.19万亩,粮食总产量60.44万吨,蔬菜总产量327.10万吨,水果总产量93.40万吨。农作物主要有水稻、蔬菜、马铃薯、花生、甜玉米、茶叶、花卉等,水果主要有荔枝、柑橘、龙眼、香蕉等特色产品。现代畜牧业示范基地60个,年出栏5万只以上的肉禽场68个,年出栏万头以上的瘦肉型猪场69个,年存栏1万只以上的蛋禽场13个,规模化奶牛养殖场8个。肉类产量15.02万吨,水产品产量15.72万吨。惠州拥有14个现代农业产业园和1个产业集群,形成了"一县多园"布局。通过完善农产品精深加工、仓储保鲜、观赏体验等全产业链条,激发农村发展新动能,把"三农"短板变成城乡协调发展"潜力板"。

2. 惠州的劣势

(1)经济总量不大。惠州城市核心竞争力有待增强,经济基础相对薄弱,发展不足仍然是主要矛盾。城乡区域发展不平衡问题依然突出,山区县与中心城区经济发展水平差距仍然较大。惠州在深圳都市圈的地理位置相对较偏,经济发展相对落后,处于相对边缘化的地位。2021年,惠州GDP为4977.36亿元,仅占深圳都市圈的10.7%,占珠三角的4.9%。2021年,地方财政一般公共预算收入仅为455.36亿元,与深圳和东莞相比仍有较大差距。

(2)科技创新对产业发展支撑作用不强。惠州战略性新兴产业培育力度不够,自主创新能力还不够强,高新技术企业、科技企业孵化器、新型研发机构与发达地区相比差距较大,缺乏研发、人才和资金基础,人才总量特别是高层次人才数量还不能满足高质量发展需要。产业转型升级进程缓慢,多数企业未摆脱粗放式发展的传统路径依赖,创新体系有待完善,创新链整体效能有待提高。

二　深圳都市圈产业协作发展的比较优势研究

比较优势原理论证了区域之间在分工和生产专业化、基础贸易方面的互利性，从产业结构的角度来看，深圳都市圈三地的产业结构存在明显差异，由于各地受新冠疫情影响程度不同，使用2020年的数据研究分析深圳都市圈的跨区域合作问题可能存在结果误差，因此本文采用2019年的数据分析三市的产业结构差异（见表1），采用2021年的数据作为对比。

表1　2019年深圳都市圈产业结构

单位：亿元，%

产业类型	深圳市		东莞市		惠州市	
	产值	占比	产值	占比	产值	占比
第一产业	25.2	0.1	28.48	0.3	205.50	4.9
第二产业	10495.84	39	5361.50	56.5	2169.12	51.9
第三产业	16406.06	60.9	4092.52	43.2	1802.19	43.2
生产总值	26927.10	100	9482.50	100	4176.81	100

资料来源：根据2019年深圳都市圈三市国民经济和社会发展统计公报整理。

首先，使用规模优势指数。该指数表示某一地区某产业的规模和专业化程度，是地区市场需求及资源禀赋等多种要素条件的体现，计算公式为：

$$SAI_{ci} = Y_{ci}/Y_c Y_i/Y \tag{1}$$

其中，SAI_{ci}代表c城第i产业的规模优势指数；Y_{ci}代表c城第i产业的产值（亿元）；Y_c代表c城的生产总值（亿元）；Y_i代表深圳都市圈三个城市第i产业的生产总值（亿元）；Y代表深圳都市圈三个城市所有产业的生产总值（亿元）；$SAI_{ci} > 1$时，代表c城第i产业的规模较地区水平具有规模上的优势，$SAI_{ci} < 1$则表示处于劣势，SAI_{ci}数值越大代表规模优势越大。

其次，使用衡量效率优势的指数。该指数主要反映效率和产业技术水平，计算公式如下：

$$EAI_{ci} = AY_{ci}/AY_c AY_i/AY \qquad (2)$$

其中，EAI_{ci} 代表 c 城第 i 产业的效率优势指数；AY_{ci} 代表 c 城第 i 产业从业人员的人均生产总值（元）；AY_c 代表 c 城从业人员人均生产总值（元）；AY_i 代表深圳都市圈三个城市第 i 产业从业人员的人均生产总值（元）；AY 代表深圳都市圈三个城市所有产业从业人员的人均生产总值（元）；$EAI_{ci} > 1$ 时，代表 c 城第 i 产业的规模较地区水平具有效率上的优势，$EAI_{ci} < 1$ 表示处于劣势，EAI_{ci} 数值越大代表效率优势越大。

最后，通过综合优势指数对效率优势指数和规模优势指数进行综合处理，计算公式为：

$$CAI_{ci} = \sqrt{SAI_{ci} \times EAI_{ci}} \qquad (3)$$

$CAI_{ci} > 1$，表明 c 城第 i 产业的生产在地区上具有比较优势；$CAI_{ci} < 1$，表明 c 城第 i 产业的生产在地区上不具有比较优势；CAI_{ci} 数值越大则优势越明显。

根据 2020 年三市统计年鉴数据计算得出比较优势，可以看出，深圳市第一产业具有非常明显的效率优势，但由于规模较小，不具有规模优势，因此综合优势也较弱（见表2）。第一产业具有显著优势的是惠州市，其规模优势非常明显。因此，第一产业可能的跨区域协作方式是利用惠州市的规模优势和深圳市的效率优势发展深圳都市圈第一产业。从统计数据看，深圳都市圈三市的农产品供给是完全无法达到自给自足的，2019 年深圳都市圈三市共生产粮食约 60 万吨，远无法满足三市常住人口 2688.33 万人的需求，但深圳都市圈三市的蔬菜产量达到 373.21 万吨，人均产量达到 277.65 斤，2019 年惠州市的蔬菜产量达到 315.95 万吨。由于蔬菜是容易腐烂的产品，因此其比较适合短途运输，惠州市的蔬菜足以满足本市的需求，还能大量向周边县市输送。因此，深圳都市圈三市在农产品供给上，特别是在蔬菜供给上完全可以实现本区域的高度融合发展，可以把深圳市的技术推广到惠州市，利用惠州市的规模优势，实现深圳都市圈三市蔬菜自给自足，有利于大量降低蔬菜跨区域运输成本。

表 2　2019 年深圳都市圈产业比较优势计算结果

产业类型	深圳市			东莞市			惠州市		
	SAI_{ci}	EAI_{ci}	CAI_{ci}	SAI_{ci}	EAI_{ci}	CAI_{ci}	SAI_{ci}	EAI_{ci}	CAI_{ci}
第一产业	0.156	3.333	0.722	0.469	1.350	0.795	7.656	1.221	3.057
第二产业	0.878	1.054	0.962	1.272	0.963	1.107	1.169	1.226	1.197
第三产业	1.108	0.922	1.011	0.786	1.086	0.924	0.786	0.982	0.878

从第二产业看，莞惠两市具有比较明显的综合优势，因此在承接深圳市产业转移方面，东莞市和惠州市均具有非常大的发展前景。根据《2019 年东莞市国民经济和社会发展统计公报》，东莞市五大支柱产业包括电子信息制造业、电气机械及设备制造业、纺织服装鞋帽制造业、食品饮料加工制造业、造纸及纸制品业，四个特色产业包括玩具及文体用品制造业、家具制造业、化工制造业、包装印刷业；其中，2019 年规模以上五大支柱产业和四个特色产业的工业增加值占东莞市产出的 34.6%，以重工业为主；而规模以上先进制造业企业的工业增加值为 2241.94 亿元，占东莞市产出的 23.64%。2019 年，惠州市先进制造业、高技术制造业增加值占惠州市规模以上工业增加值的比重分别为 66.9% 和 41.7%，从工业总产值来看，惠州市的产业结构也以重工业为主，惠州市在先进制造业方面似乎有后发优势，先进制造业为支柱性产业。2019 年，深圳市四大产业的表现如下：金融业增加值 3667.63 亿元，同比增长 9.1%，占 2019 年深圳 GDP 的 13.6%；物流业增加值 2739.82 亿元，同比增长 7.5%，占 2019 年深圳 GDP 的 10.17%；文化及相关产业（规模以上）增加值 1849.05 亿元，同比增长 18.5%，占 2019 年深圳 GDP 的 6.87%；高新技术产业增加值 9230.85 亿元，同比增长 11.3%，占 2019 年深圳 GDP 的 34.28%；四大产业增加值占到了深圳 GDP 的 64.94%。三市具有显著的产业结构差异，比较优势明显，因此在产业分工合作上具有巨大的潜力，比较优势可进一步推动深圳都市圈一体化建设。

三　结论与政策启示

深莞惠产业协作发展具有良好基础，三市在资源禀赋、产业布局、发展模式上具有很大合作空间。"深圳研发、莞惠转化"是深化深圳都市圈跨区域分工合作的重要选择。由深圳都市圈支柱产业状况可以看出,深圳市支柱产业主要集中在高端服务业,例如金融、物流、文化等产业以及最重要的高新技术产业。而东莞市和惠州市主要集中在制造业,特别是在电子信息制造业等方面,三市产业结构存在明显差异。这种明显差异可以使三方实现优势互补,并形成各自规模优势。深圳市的产业转移可以很好地被东莞市和惠州市吸收,通过产业转移和吸收,深圳市可以在金融、物流和高新技术产业方面更进一步,而东莞市和惠州市可以在制造业方面形成更大的规模优势,继而形成在深圳研发、孵化、融资,在东莞、惠州投产的全产业链体系。虽然深圳市每平方公里土地聚集了 8.5 个国家级高新技术企业、实现增加值 13.5 亿元,但是深圳市的土地开发强度已经高达 55%,土地开发成本逐步升高,以小面积撬动大发展衍生的问题日益突出,稀缺的土地资源引发企业经营成本上升,房价、租金、物价、用工成本、物流成本轮番上涨,挤压了企业生存空间,较高房价收入比也使深圳人才吸引力有所下降,以上制约因素引发对深圳产业空心化的担忧。而惠州市土地开发强度不足 10%,拥有 1.13 万平方公里的陆地土地面积,承接深圳市制造业转移的能力和潜力极大;东莞市土地开发强度也已经达到 47%,但土地单位面积产出不高,2021 年每平方公里土地的产出值约为 4.41 亿元,单位利用率相对深圳较低,如果未来产业进一步集中,单位利用率有望进一步提升。

面对经济新常态下日益加剧的资源环境约束和日趋激烈的区域竞争,统筹深圳都市圈整体利益和各城市比较优势,打造世界一流都市圈,是实现都市圈高质量发展、经济转型升级的重要举措。在推动深圳都市圈产业协作发展进程中,必须尊重城市圈产业升级和空间演进规律,以创新发展为引领,破除制约各类资源要素自由流动和高效配置的体制机制障碍。在充分发挥各城市比较优势基础上,强化城市间专业化分工协作,促进城市功能互补、特色化发展以及产业错位布局。在推动深圳都市圈产业高端化发展及其非核心功能向周边城市疏解过程中,既要发挥市场配置资源的决定性作用,也要发挥政府在规划政策引领、公共资源配置、基础设施布局、体制机制改革等方面的作用,统筹整合都市圈内公共创新平台、产业转移园区等各类平台建设,使都市圈产业协作发展成为市场主导、政府引导的过程。

参考文献

［1］ 聂新平、Yang Yi：《珠江东岸都市圈一体化发展研究（上）》，《中国经济特区研究》2011 年第 1 期。

［2］ 周轶昆：《新时代广东经济特区的创新优势与创新发展》，《中国经济特区研究》2018 年第 1 期。

［3］ 杨家文、林雄斌：《"双循环"新发展格局下深圳都市圈建设的思考》，《特区实践与理论》2021 年第 1 期。

［4］ 刘璟：《论都市圈经济协同联动发展的机理与路径——以深莞惠都市圈经济一体化为例》，《岭南学刊》2018 年第 5 期。

［5］ 汪海：《打造港深莞惠世界级都市圈的新引擎——论设立深莞惠国家级新区的必要性》，《开放导报》2017 年第 4 期。

［6］ 黄忠平、胡嘉峰：《惠州融入深圳都市圈的发展路径思考》，《广东经济》2021 年第 1 期。

［7］ 林毅夫、付才辉：《比较优势与竞争优势：新结构经济学的视角》，《经济研究》2022 年第 5 期。

［8］ 《国家发展改革委关于培育发展现代化都市圈的指导意见》，中国政府网，http：//www. gov. cn/xinwen/2019－02/21/content_5367465. htm，2019 年 2 月 19 日。

［9］ 《深圳市 2021 年国民经济和社会发展统计公报》，深圳政府在线网站，http：//www. sz. gov. cn/cn/xxgk/zfxxgj/tjsj/tjgb/content/post_9763161. html，2022 年 5 月 7 日。

［10］ 《深圳市 2019 年国民经济和社会发展统计公报》，深圳政府在线网站，http：//www. sz. gov. cn/cn/xxgk/zfxxgj/tjsj/tjgb/content/post_7801447. html2020 年 4 月 15 日。

［11］ 《2021 年东莞市国民经济和社会发展统计公报》，东莞市人民政府网站，http：//www. dg. gov. cn/zjdz/dzgk/shjj/content/post_3790787. html，2022 年 3 月 30 日。

［12］ 《2019 年东莞市国民经济和社会发展统计公报》，东莞市人民政府网站，http：//www. dg. gov. cn/zjdz/dzgk/shjj/content/mpost_3032557. html，2020 年 4 月 8 日。

［13］ 《2021 年惠州市国民经济和社会发展统计公报》，惠州市人民政府网站，http：//www. huizhou. gov. cn/zwgk/tjxx/tjgb/content/post_4605876. html，2022 年 4 月 2 日。

[14]《2019 年惠州市国民经济和社会发展统计公报》，惠州市人民政府网站，http://www. huizhou. gov. cn/zwgk/tjxx/tjgb/content/post_3810318. html，2020 年 4 月 7 日。

（文字编辑：李桐）

Research on the Intercity Differences and Comparative Advantages of Industrial Collaborative Development in Shenzhen Metropolitan Area

Zhou Yikun, *Zhang Peixi*

（China Center for Special Economic Zone Research, Shenzhen University, Shenzhen, Guangdong, 518060）

Abstract: Shenzhen metropolitan area is one of the five major metropolitan areas that Guangdong Province has focused on cultivating and making efforts to build. In the context of promoting the construction of a world-class metropolitan area in the Guangdong-Hong Kong-Macao Greater Bay Area, the spatial structure and form of the Shenzhen metropolitan area have undergone obvious changes, and the industrial collaborative development has entered a new stage. Based on the analysis of inter-city differences in the industrial collaborative development of Shenzhen metropolitan area, this paper further studies the comparative advantages of the industrial collaborative development of Shenzhen metropolitan area and puts forward the main ideas to promote the industrial collaborative development of Shenzhen metropolitan area.

Keywords: Shenzhen Metropolitan Area; Industrial Collaborative Development; Intercity Difference

新形势下前海深港现代服务业合作区发展的几点思考

雍　炜[*]

（深圳大学中国经济特区研究中心，广东　深圳　518060）

摘　要： 新形势下前海深港现代服务业合作区迎来了新的发展契机，深港融合发展进入新阶段，深港科技创新面临重大发展机遇。本文针对新形势下前海深港现代服务业合作区的发展，围绕推进要素跨境自由流动、构建优良创新生态系统、打造服务贸易高地等方面提出了几点思考和建议。

关键词： 要素流动　创新生态系统　服务贸易　人才准入

一　新形势下前海深港现代服务业合作区新的发展契机

（一）深港融合发展进入新阶段

2021年9月，中共中央、国务院印发了《全面深化前海深港现代服务业合作区改革开放方案》；同年10月，香港特区政府发布《北部都会区发展策略》；2022年6月，深圳发布《深圳市人民政府关于发展壮大战略性新兴产业集群和

---

*　雍伟，经济学博士，深圳大学中国经济特区研究中心讲师，主要研究方向为特区经济与社会发展。

培育发展未来产业的意见》（以下称"20 + 8"产业集群政策），为深港更加全面、更高水平的融合发展带来契机。

《全面深化前海深港现代服务业合作区改革开放方案》不仅带来了前海深港现代服务业合作区物理空间的扩容，而且带来了产业发展空间的扩容。拥有了科技产业创新高地南山区以及制造业高地宝安区的助力，扩容后的前海深港现代服务业合作区产业结构更加完整，除了原有的现代服务业外，还包括"高新科技、海洋科技、航空物流、会展业以及先进制造业"。产业空间的扩容，将会推进深港两地产业更广范围的协同发展。《北部都会区发展战略》提出了"双城三圈"概念，即香港、深圳"双城"，深圳湾优质发展圈、港深紧密互动圈、大鹏湾/印洲塘生态康乐旅游圈"三圈"。这是香港特区政府在规划层面首次提出"香港—深圳"双城建设，也是香港特区政府主动参与国家、大湾区发展战略的重要举措。北部都会区的发展不仅涉及香港北部片区的发展，而且在"香港—深圳"双城建设战略下，将物理空间延伸到了宝安、南山、福田、罗湖、盐田、大鹏新区，形成深港两地更广泛的融合发展。"20 + 8"产业集群政策重点提出要发展壮大网络与通信、半导体与集成电路、智能传感器、数字创意等20个产业集群，培育发展区块链、合成生物、量子信息等8个未来产业，推动深圳产业集群化发展，构建完善的产业生态链，形成规模经济效应。"20 + 8"产业集群政策的落地，将会加速深圳的产业升级，推动高端制造业发展，攻克核心技术"卡脖子"问题，提升现代产业竞争力。

作为粤港澳大湾区的两个增长极，香港、深圳在过去长期的合作发展过程中改变了二者的关系，由合作初期的"一强一弱"单方面依赖关系变为现在"势均力敌"对等的优势互补关系，现阶段深港合作已经进入优势整合发展阶段。香港拥有发达的现代服务业，在科技创新领域具有很强的优势，但长期以来产业空心化带来科技创新成果产业化推进缓慢，"再工业化"已经迫在眉睫。深圳拥有雄厚的制造业基础和战略性新兴产业基础，拥有全球知名的华为、大疆、腾讯等科创企业以及科创园区、科学中心。深港两地发挥比较优势，强强联合，在现代服务业、科技创新、高端制造业等领域建立更高水平、更高质量的合作。香港的发展需要与深圳融合，深圳的发展同样需要与香港融合，而前海深港现代服务业合作区在深港融合发展中发挥了重要作用。

（二）第四次工业革命为深港科技创新合作带来重大机遇

国家主席习近平在2018年7月参加金砖国家工商论坛时指出，"未来10年，将是世界经济新旧动能转换的关键10年。人工智能、大数据、量子信息、生物科技等新一轮科技革命和产业变革正在积聚力量，催生大量新产业、新业态、新模式，给全球发展和人类生产生活带来翻天覆地的变化"。第四次工业革命将会给中国发展带来机遇和挑战。

每一次工业革命都会带来生产力和生产关系的变革，本质上就是生产力与生产关系相互发力的过程，新的生产力替代旧的生产力产生新的生产方式，新的生产方式替代旧的生产方式并影响生产力。以人工智能、大数据、云计算、互联网、物联网等技术为驱动力的新一轮技术变革，会带来传统资源配置、生产方式、管理方式、商业模式等的颠覆性改变，加速推进全球供应链、产业链、价值链重构。在新一轮科技革命和产业变革中获得主动权的根本在于创新，包括知识创新、技术创新、制度创新、管理创新等。

加强深港两地科创产业合作，不断探索深港两地创新机制对接、规则衔接，推进科创体制改革，有助于解决我国当前所面临的基础研究成果转化、"卡脖子"技术等问题。前海深港现代服务业合作区作为改革开放的高地，创新是它与生俱来的使命，连接深港，利用各自独特的产业优势、科创优势互补发展，共同打造深港国际科创集聚中心。

二 新形势下前海深港现代服务业合作区发展的思考

（一）推进要素跨境自由流动，发挥集聚效应

一个国家或地区经济发展，依赖土地、资本、劳动力、技术、数据等生产要素的投入，作为经济发展的内生变量，要素结构可以说是决定经济发展的重要因素。要素流动①直接影响要素结构的变化。要素在市场机制配置下的自由

---

① 从要素的流动性角度来看，土地要素是不可移动的。本文中的要素流动主要指资本、劳动力、技术、数据4个要素的流动。

流动，将会形成特定要素在特定空间的聚集，从而带来集聚效应。这种集聚效应主要体现在要素集聚所带来的产业集聚，而产业的集聚又将带来溢出效应和规模效应，推进经济的增长。

前海深港现代服务业合作区的发展离不开人才、资本、技术等核心要素的驱动。当前，在"一国两制"制度框架下，由于经济、法律、行政管理等方面存在差异，深港两地各类要素难以实现完全自由流动，如何加速深港两地要素的跨境自由流动，打破阻碍要素自由流动的制度壁垒，是前海深港现代服务业合作区发展的重点。

（二）构建优良的创新生态系统

创新是经济发展的根本动力。面对新一轮科技革命与产业革命，构建一个优良的创新生态系统对于每个国家来说是关系未来经济发展的核心问题。作为改革开放高地，前海深港现代服务业合作区亟须建立一个优良的创新生态系统。这里的创新生态系统是指一个以价值创造为目的，由异质性创新主体组成的开放、协同的创新网络组织，是基于网络建立连接与互动，开展协同和共享，实现创新与价值创造的相关群体及其所处环境的有机整体。[①]

创新生态系统中的创新主体包含政府、企业、高校与科研院所、金融机构和中介机构，这些创新主体借助资金流、物资流、信息流、知识流、人才流、政策流的集聚及转化，共同促进创新生态系统的良好运转。[②] 优良的创新生态系统可以高效整合系统中的创新要素，使创新主体各司其职、相互协作，最大限度挖掘创新潜力、激发创新动力，使资金、人才、知识、技术等创新要素得到高效配置，实现技术成果的快速转化。

作为特区中的特区，前海深港现代服务业合作区肩负改革创新的重任。整合深港比较优势，共同打造适合境内外创新主体协同发展的生态系统，对于前海创新发展至关重要。这就需要前海深港现代服务业合作区继续深化放管服改

---

① 李韶光、胡贝贝：《创新生态系统视角下的产业政策转型研究》，《科技与创新》2022 年第 18 期。
② 范洁：《创新生态系统案例对比及转型升级路径》，《技术经济与管理研究》2017 年第 1 期。

革，突破制约创新发展的制度障碍，完善税收扶持、财政支持以及监管机制等，构建有利于创新发展的制度环境；同时积极与香港开展科创合作，健全创新人才机制，放宽创新要素的市场准入条件，完善科研物资、数据的跨境流通与共享，加强高端人才的引进等，构建一流的创新智力支撑体系；加快深港现代服务业的合作进程，为创新活动提供融资、法律、会计等专业化中介服务，营造良好的创新环境。

（三）推进深港服务贸易合作，打造服务贸易高地

服务贸易是国际贸易的重要组成部分，是服务业的国际化形态，包含"商业服务、通信服务、建筑及相关工程服务、金融服务、旅游及旅行相关服务、娱乐文化与体育服务、运输服务、健康与社会服务、教育服务、分销服务、环境服务及其他服务"。在全球贸易中，服务贸易创造的价值越发凸显，已经超过传统货物贸易所创造的价值。服务业已经成为世界各国国民经济的重要支柱，而服务贸易也成为经济发展的新动能。此外，制造业的发展也越发依赖服务业，目前研发设计、知识产权、货物运输、信息技术、金融保险等生产性服务已经渗透到生产制造业全过程，尤其是研发、设计、物流、分销、售后等服务成为提升产品附加值的重要手段。大力发展现代服务业、服务贸易，有助于推动我国制造业、服务业的转型升级，加快向全球价值链高端攀升。

香港是以现代服务业为主的经济体，拥有金融、会计、法律、保险、旅游等高度发达的服务贸易业态，根据香港贸易发展局的数据，2020年香港GDP的93.4%是由服务业创造的。除了拥有发达的现代服务业，香港还拥有一整套完全与国际接轨的透明、规范、高效的管理体系、制度体系。

以前海深港现代服务业合作区为平台，推进深港两地服务贸易合作，不仅能为香港现代服务业发展提供更广阔的经济腹地，而且能够推进深圳产业结构的优化升级。对标香港现代服务业规则、机制，推进深圳与香港规则衔接、机制对接，进一步放宽现代服务业的市场准入限制，使人才、技术、资金、数据等现代服务业核心要素在深港两地自由流动，推进深港现代服务业协同发展，共同打造服务贸易新高地。

三 新形势下前海深港现代服务业合作区发展建议

（一）持续高水平开放，以开放促改革

面临新一轮科技革命与产业变革以及全球价值链重构，持续推进高水平的对外开放，构建开放型经济新体制，有利于我国进一步融入全球分工体系，推动经济转型升级，实现产业向全球价值链高端攀升。开放本身就蕴含着改革，尤其是制度型开放，当境内标准、规则与国际通行的标准、规则不相符甚至出现矛盾时，为了吸引更多的国际商品、资本、技术等要素流入境内，就务必要对现有的标准、规则进行改革创新，也就是修订改进那些不相符甚至矛盾的部分，对标国际贸易投资规则，构建与其相衔接的新制度体系。

作为新一轮高水平改革开放的试验田，前海深港现代服务业合作区在投资、贸易、金融、法治、管理等方面不断先行先试，在改革开放上取得了很大成效，并形成系统性制度创新集成，复制推广至全国。比如，在市场准入方面，完善外商投资准入前国民待遇，不断"瘦身"负面清单，最大限度吸引更多优质外资企业进入我国市场，构建与国内企业公平的竞争机制，不断提升我国企业的国际竞争力；完善以信用监管为基础的事中事后监管制度，深化放管服改革，以备案制替代审批制，优化企业营商环境。在法治建设上，探索"政府管制+企业化运作"法定机构治理模式，推进国家治理体系现代化；完善民事商事纠纷多元化解决机制，探索国际商事纠纷前端化解机制，与境外商事调解机构建立合作机制，多元化解决国际商事纠纷，构建法治化、国际化营商环境。

随着改革的不断深入，制度型开放也进入了深水区。前海深港现代服务业合作区要建设成为全球高水平开放枢纽，必须持续高水平开放，以开放促改革，在市场准入、市场竞争、知识产权、治理模式、营商环境等方面加快深港两地制度融合的步伐，减少要素跨境流动的制度成本，实现人才、资本、技术、数据等要素的双向流动。

（二）构建"国民待遇＋负面清单"人才准入管理模式

创新是经济发展的根本动力，人才是创新的核心要素。建设具有全球竞争力的创新引领型城市，离不开来自全球各地国际人才的支撑。现代服务业是前海深港现代服务业合作区发展的重要产业，而现代服务业的核心要素就是人才，现代服务业的集聚发展就是人才的集聚发展。可以说，人才要素的优劣直接关系到前海深港现代服务业合作区建设的成败。

"国民待遇"原则是世界贸易组织（WTO）规则体系中的一个基本原则，是指一成员方赋予另一成员方人员、企业、产品、商船在一成员方境内享有与本成员方人员、企业、产品、商船相同的待遇。[①] 这里的"国民待遇"并不包含政治方面待遇。"国民待遇"原则通过对境内外"人和物"在法律上的平权，实现经济的自由开放、平等竞争。

"负面清单"管理模式是国际通用的投资规则，以"法无授权即禁止，法无禁止即可为"为原则，也就是通过法律法规对禁止投资的领域列出清单，清单内的禁止投资，清单外的都可以进行投资。"负面清单"管理模式相对于"正面清单"管理模式，具有高度的开放性，能够最大限度减少对外商投资的限制，推进投资贸易自由化。

目前，前海深港现代服务业合作区仍然对人才要素流动采用"正面清单"管理模式，管理模式与开放程度的不一致直接导致境外专业人才在进入境内市场时遇到诸多障碍，这将不利于国际人才尤其是现代服务业领域专业人才的跨境自由流动，不利于现代服务业的集聚发展。

构建"国民待遇＋负面清单"人才准入管理模式，通过"负面清单"公开列出不能开放的相关领域，"非禁即入"，最大限度减少对国际人才在深港现代服务业合作区内的就业限制，促进人才要素的跨境自由流动；同时，通过"国民待遇"原则能够使国际人才在生产、生活上获得与本国居民相同的待遇，实现外国公民在投资、就业、税收、教育、居住、交易、竞争、社保、福利等方面与本国居民待遇的均等化，形成宜居宜业的优质生活圈，使国际人才能够

---

① 韩月：《浅析 WTO 国民待遇原则的适用问题》，《法治与社会》2014 年第 26 期。

"引进来"，并且"留得住"。

参考文献

［1］李韶光、胡贝贝：《创新生态系统视角下的产业政策转型研究》，《科技与创新》2022 年第 18 期。

［2］范洁：《创新生态系统案例对比及转型升级路径》，《技术经济与管理研究》2017 年第 1 期。

［3］韩月：《浅析 WTO 国民待遇原则的使用问题》，《法治与社会》2014 年第 26 期。

［4］张二震、戴翔：《更高水平开放的内涵、逻辑及路径》，《开放导报》2021 年第 1 期。

［5］雍炜：《深圳前海深港现代服务业合作区发展报告 2022》，载《中国经济特区发展报告（2022）》，社会科学文献出版社，2022。

（文字编辑：乐小芳）

A Few Thoughts on the Development of Qianhai Shenzhen-Hong Kong Modern Service Industry Cooperation Zone under the New Situation

Yong Wei

（China Center for Special Economic Zone Research, Shenzhen University, Shenzhen, Guangdong, 518060）

Abstract：Under the new situation, Qianhai Shenzhen-Hong Kong Modern Service Industry Cooperation Zone has ushered in a new development opportunity, Shenzhen-Hong Kong integrated development has entered a new stage, and Shenzhen-Hong Kong science and technology innovation is facing major development opportunities. This paper puts forward several thoughts and suggestions on the development of Qianhai

Shenzhen-Hong Kong Modern Service Industry Cooperation Zone under the new situation, focusing on promoting the free flow of factors across the border, building an excellent innovation ecosystem and creating a highland for service trade.

Keywords：Factor Flow；Innovation Ecosystem；Service Trade；Talent Access

经济特区的区位选择与跨界合作探索

（中国移动通信集团广东有限公司深圳分公司，广东　深圳　518000）

摘　要： 中国于 1980 年设立第一批经济特区，作为改革开放先行先试模式的地域探索，为后续国家级新区、自由贸易区等政策新区设立提供理论基础和实践借鉴。中国初期经济特区采取"沿海、沿边"模式，充分运用区位优势吸引外来投资，服务固定人群，取得显著效果。其中，珠海毗邻澳门、深圳毗邻香港、厦门毗邻台湾。经济特区的成功建设为中国打开对外开放的窗口，为后续共建"一带一路"等提供重要的枢纽节点和产业支撑。本文通过分析经济特区的区位选择，总结经济特区的跨界合作经验和发展路径，研判经济特区的后续发展趋势。

关键词： 经济特区　边界区域　跨界合作

一　引言

在经济全球化影响下，区域内部城市间经济边界逐步模糊化。我国将部分

---

[*] 朱惠斌，人文地理学博士，中国移动通信集团广东有限公司深圳分公司专家，主要研究方向为智慧城市与区域规划。

边界区域设为经济特区、经济开发区和综合配套试点区等特殊空间管治地区，形成新型区域增长极，通过"以点带面"的方式带动其他地区发展。边界区域具有地方（Place）、空间（Space）和区位（Locality）三重属性。边界区域因势差存在，易形成"跨界红利"，会自发形成产业梯度配置和空间发展需求。因资源禀赋和行政体制差异，经济特区会形成差异化城际关系。经济特区作为边界区域的边界效应研究对象是劳动地域分工的反映，包括区域内部原材料、工农业产品交换活动和技术经济联系等。广义的边界效应指行政区间在政治制度、经济发展和社会文化等层面的关联。狭义的边界效应指行政区间在区域竞合、城市腹地、城镇体系和空间发展等层面的关联。对经济特区的边界效应进行分析，有助于总结经济特区的跨界合作模式，研判经济特区的后续发展趋势。

二　经济特区的区位选择

（一）经济特区的概念

"经济特区"的概念起源于 1980 年，为"出口特区"概念的演化和升级。经济特区通过实行特殊经济政策，结合法律政策和政府管理模式，以外向型经济为发展目标，鼓励外来投资和引进先进技术，达到促进经济增长的目标。我国第一批经济特区包括深圳、珠海、汕头和厦门。根据实际发展需要，国家设立国家级新区、自由贸易区等新型模式。经济特区的本质是通过面向特定群体，建立区域范围内的政策高地，提高地区发展水平。我国设立的经济特区具备显著的"沿海、沿江、沿边"区位特性，属于典型的边界区域。

（二）边界区域的概念

边界区域是依托行政边界形成的地域空间实体，以特殊区位优势和地缘条件形成的新型发展区域。边界空间是依托行政边界形成的空间影响范围。欧盟将具有发展潜力的边界区域设为跨界合作地区，分为三个发展阶段（Eu Regios，Cross Border Regions，Cross Border Polycentric Metropolitan Regions），以专项资金政策为保障，促进边界区域发展。中国属于转型经济体，人口高密度导致空间尺度和使用模式与传统概念有显著差异。边界区域易产生新型空间单元载体，因其重要战略地位逐步得到广泛关注。传统边界区域指某政治实体（如国家、行政区等）与其他接壤政治实体在交界处所构成的特定地理空间，在地理区位、文化背景、产业结构、资源条件和发展阶段等方面具有一定的同质性。中国经济特区是充分运用边界区域特性的城市发展载体。

（三）边界的多种类型

行政边界作为经济特区的触媒介质和行政区间联系的断裂点，主要类型包括跨体制行政边界、跨行政区行政边界、暂时实行管理责任的行政边界和自然地形为主的行政边界等。

1. 跨体制行政边界

因跨体制行政边界两侧的显著制度差异，部分边界区域可能发挥区域增长极的作用。在谋求经济融合、制度融合和社会融合的基础上，行政边界担负的职能会逐步从边境管理向区域一体化转型，提升两地竞争力，方便居民的跨界居住与就业。跨体制行政边界包括国界、"一国两制"边界、政策特区边界和特定的民族自治区边界等类型。

2. 跨行政区行政边界

以行政区经济为基础，跨行政区行政边界是不同空间政策的交汇处，也是区域矛盾的集中地，空间协调难度大，统筹发展难点多。跨行政区边界区域以行政区为基础，以人口规模为基数，配置公共服务设施和财政补贴政策。这类行政边界担负的边境管理职能较少，仅存在于跨界打击犯罪等层面，但易陷入"多方忽视"的管治困境，导致基础设施水平、地价等的显著下降。跨行政区行政边界包括城市间边界、区县间边界等类型。

3. 暂时实行管理责任的行政边界

在特定的历史过渡时期，政府会设定暂时实行管理责任的行政边界，担负一定的经济管理、人口管理和边境管理职能，推动经济建设和维护社会稳定，多运用于政策特区，避免体制差异导致的不稳定性。这类行政边界会逐步撤销部分管理职能，直至全面取消。

4. 自然地形为主的行政边界

自然地形为主的行政边界包括山体、水体等，对经济发展和民间联系形成天然的阻碍。在一定的历史时期，在战略发展需要下，政府往往通过建设隧道、高速铁路、大桥等交通基础设施，打通区域发展廊道，提升区域土地价值和区域空间可达性，促进区域发展。

（四）经济特区的带动效应

以中心地理论为代表的传统区位理论指出，地理距离反映经济费用，形成经济活动对城市的影响。地区发展潜力与经济中心距离相关，因此行政边界形成的隔绝效应制约空间拓展。边界效应以行政边界的传递效应和屏蔽效应为主。其中，行政边界的传递效应研究以空间经济学为理论基础，指行政边界两端区域存在经济梯度差异，根据区域间资源禀赋差异存在经济的合作性和互补性。行政边界的屏蔽效应研究以制度经济学为理论基础，以交易成本变量为基础。行政边界隔绝了交流，增加了人员流动和商品交易的时间成本和经济成本，受到关税、居民的产品本地偏好和空间距离等因素影响。

边界区域研究涉及国际贸易学、地缘政治学和产业地理学等研究领域。国际贸易学认为，边界区域因存在经济保税区等政策优势，有效促进了跨界贸易发展。地缘政治学认为，边界区域因处于行政制度和行政区划的交接处，对吸引外资、劳动力等生产要素有显著作用，容易产生出口加工区等形式的空间载体。产业地理学认为，边界区域与其所处全球产业链层级相关，形成新型生产力布局形式。经济特区产生的带动效应包括政治制度效应、社会文化效应和经济势差效应。

1. 政治制度效应

政治制度的引入和传导是经济特区的重要效应。行政区内具有类似的空间管治模式和政策制度，体现为商品和公共基础设施的供给。在空间生产理论中，各种空间流的交汇场所和转换空间对区域具有重要的影响。在全球化进程中，空间流的重要性在经济分析中得到充分体现。边界区域作为多种空间流的交汇空间，经济活动较为活跃。我国改革开放后的区域政策以"沿边、沿海"等形式展开，充分发挥边界区域的边界效应。边界区域相邻城市间的政治制度差异将成为区域竞合的关键因素，也是跨界合作的驱动因素。经济发展较好地区的政治制度效应较明显，溢出效应也较为显著；经济发展较差地区希望获得更多的溢出效应，跨界合作的诉求较为强烈。

2. 社会文化效应

社会文化的引入和传导是经济特区的重要效应。在行政边界两端工作和生活的人往往存在亲缘等联系，表现为边界区域的异地耕种、同祖祭拜和插花地边界矛盾等问题。社会文化效应包括语言、生活习惯、特殊民俗和社会公正等多层面影响，是形成群体认同的基础。配合政府制定的区域政策，结合民间层面合作，可有效减少行政边界两侧差异，成为边界区域谋求跨界合作的重要纽带。社会文化效应是经济特区带动效应有机组成部分。以本地偏好和地方保护主义为基础，针对资本运行过程中地理空间的组织、建构和重构，用于长期基础设施建设的固有资本与流向新地区以持续增长的剩余资本间存在矛盾。资本在地理空间内的运转会不断更新劳动力分配模式。区域吸收剩余资本后，形成新型社会空间。基于政治晋升博弈模型，边界区域跨界合作属于零和博弈。当预计协调收益小于成本时，跨界合作的激励将不足，易导致重复建设和地方保护主义抬头等问题，此时社会文化效应可发生重要的影响。民间自发形成的合作诉求将有助于区域一体化进程。笔者通过传记式研究方法，对个人生活轨迹和社会文化情况进行分析，对核心和边缘的概念进行新的解读。

3. 经济势差效应

经济势差的引入和传导是经济特区的重要效应。根据推拉效应理论，人是理性的经济个体，会自发谋求接近机会地域的可能性，可能性大小则取决于运输网络和社会人口的能动性大小等多重因素。极化而非集聚仍为地域发展趋势。边界效应具有外部性，持续重构经济影响范围，促进区域经济融合。壁垒因素和边界效应推动形成差异化的边界区域。在经济全球化背景下，因经济势差的存在，中国已出现多个跨界合作单元。研究表明，经济发展相对滞后的地区在发展中获益，发展水平较低的地区以较低的成本借用公共设施及服务。发展较滞后的地区可充分利用地价、劳动力成本等层面差异，承接产业转移，吸引外来投资。经济效应研究以趋同化为目标，表现在生产网络等层面。但经济效应往往会导向差异化发展，合作与竞争并存。经济势差效应的研究内容是测度阻碍区域一体化进程的行政边界因素。贸易壁垒是经济势差效应的体现，包括关税和非关税壁垒，导致国内贸易与国际贸易形成差异、经济联盟间形成差异。资金和劳动力差异能够影响行政边界相邻地区的发展。

三　经济特区的跨界合作

（一）跨界合作的概念

跨界合作指区位邻近的行政区之间基于比较优势，形成的制度、经济和社会等层面合作。跨界地区指现有或潜在的地理、族群、历史和经济等方面存在一致性，而功能上相互依赖的地区。递进式的跨界合作模式包括贸易协议区、自由贸易区、关税同盟、共同市场、经济同盟和完全经济一体化合作区。行政区划具备历史延续性，调整行政区划是对现有地方政府利益的重构。城市化推动产业结构演化，传统以行政边界为基础的管治模式已不能满足城市发展需求，跨界合作是在不触及行政区划调整的基础上，实现区域整体利益最大化的有效途径。高层政府往往是区域合作的主导者和统筹者，地方政府的相对行政层级具有合作话语权。我国城市已由关注自身发展的"行政区经济模式"逐步转向谋求跨界合作的新型区域竞合模式。跨界合作的目标是通过制度体制建设，实现弱化边界隔绝效应和显化传递效应，其中，合作模式设计是核心因素，涉及城市功能、产业布局、政策引导和制度创新等多个层面内容。

（二）经济特区的作用

1. 跨界生产要素整合

经济特区对跨界生产要素进行整合。行政边界对生产要素的效应涉及土地、资本和信息等多个层面，对区域协同发展有重要的影响。在研究优势资源、发展基础和主导产业，分析各产业发展过程和空间格局的基础上，边界对经济要素的效应研究侧重作用机制和突破策略，包括时间序列和空间布局两个层面。

经济特区从产业分工与合作的现状、发展历程、合作方式、面临的困境和合作路径等方面，构建边界区域产业分工与合作理论体系。经济特区的设立为区域产业分工、联系和整合提供发展和协调路径。

2. 跨界空间结构优化

经济特区对跨界空间结构进行优化。城镇体系和交通设施是空间结构的重要研究内容，包括边界区域内不同时期的城镇体系和交通网络在边界处表现出的空间形态、动力机制和优化路径研究等。边界区域在不同的历史时期具有不同的空间发展方向。边界效应影响下的空间结构演化研究是全面分析边界区域经济社会发展历史、现状及发展趋势的基础。在空间结构演化和产业协调研究的基础上，经济特区探索促进边界区域空间协调优化的路径。

3. 跨界空间管治支持

经济特区对跨界空间管治形成支持。政府协议和基金支持是边界区域跨界空间管治的重要研究内容。借鉴行政区经济理论、空间经济学理论和行政区边缘经济理论等，总结适合特定边界区域的地域性空间管治模式，探索边界效应与跨界合作的关系，梳理跨界合作作为跨界空间管治模式的策略类型。其中，政策研究是跨界空间管治研究的核心，具有动态性，可根据不同阶段管治目标的差异调整研究内容。

（三）跨界合作的效应

当跨界合作的各参与方能够达到多赢局面、实现互惠互利时，跨界合作就具备自发形成的条件。当高层政府需要实现生产要素和公共基础设施的共建共享时，会对已有的政治、经济和社会利益分配格局形成影响，地方政府的支持和抵制程度会发生显著差异，区域协调难度较大。跨界合作可实现区域利益的再分配，特别是资源在富裕地区和贫困地区的分配，需要高层政府的宏观调控。

跨界合作分为市场导向的跨界合作和政府导向的跨界合作。以市场导向为基础，企业和商会组织推动形成以经济利益为基础的地方自发性跨界合作模式①。

---

① 改革开放初期，苏南地区商会选择在相对偏僻和便于贸易的行政边界区域交易，直接带动边界区域经济的发展。

市场导向的跨界合作包括资源导向的跨界合作和开发导向的跨界合作。资源导向的跨界合作指为获取关键资源或资产如自然资源、能源资源和劳动力资源等，所进行的投资，集中在采掘业和劳动密集型产业。开发导向的跨界合作包括主动开发市场、防御性占有市场和抢先占有市场，基于合作需求形成以竞争为导向的合作模式，如零售业和银行业。

由于不同城市在企业注册、税收管理和行政审批等层面存在差异，跨界合作的形成需要结合区域客观需求和政府、市民的主观认识，可理解为基于更低交易费用诉求形成的利益博弈与共享过程，包含"寻租"、"创租"和"分租"等层面。其中，交通通信网络便捷度、产业网络协调配套设施水平和中心城市辐射带动能力是决定"寻租"的重要因素。交易费用和城市所处城镇体系的结构功能是决定"创租"的重要因素。区域层面利益协调分配是决定"分租"的重要因素。

以地方政府为基础，地方政府政绩考核体系产生两个方面效应。一方面，地方政府采取积极措施，与其他掌握资源的地方政府合作。由于地方政府在一定时期内可使用的资源有限①，因此地方政府会根据城市发展阶段、资源禀赋和技术基础等因素，选择适合自身的发展路径和合作模式。另一方面，地方政府会倾向将经济产值留在本地，追求利益最大化。

政府导向的跨界合作包括效率导向的跨界合作和战略导向的跨界合作。效率导向的跨界合作是以提高效率、降低成本和提升竞争力为目标，为占有区域性资源进行的投资，如工业园区合作建设和配套设施建设等。战略导向的跨界合作是为获取某种战略性资产（如先进技术或高端人才等）而进行的投资。例如，我国改革开放初期引入外国流水线、人才和技术，而近年来企业倾向于设立跨国总部，以获取高级管理人才和技术人才。建设跨界政府管治机构可有效推动跨界合作。跨界政府管治机构在跨界合作规划初期的全面统筹，可有效提高执行力和效率。高层政府逐步分权有助于地方政府发挥积极作用，并推动跨界合作区域演化至均权发展阶段，形成整体竞争优势。

---

① 如土地开发量、环境容量等有明确指标。

四　经济特区的发展趋势

（一）边界效应的强化

1. 边界效应的理论基础

产权制度是边界效应的理论基础，也是资源优化配置的驱动要素。设置产权制度的基础是明确产权归属和确定产权边界，这是决定交易价值和交易成本的重要因素。城市作为整体，可有效统筹城市内部增长联盟，减少微观个体间的社会交易成本，将外部交易成本内部化。城市不可无限扩张，其理论规模边界以边际收益最大化和交易成本最小化为基础。空间管治结构如何塑造边界效应格局，如何驱动新区域政策的产生值得研究。边界效应是表征城市间交易成本的重要指标，跨界合作是以较少交易成本强化边界效应的重要模式，而关于行政边界的协议则是跨界合作的重要保障。

2. 边界效应的约束条件

行政边界是地方政府管辖范围，也是边界效应的约束条件。行政边界指行政领土的单位界线，具备地理、政治、军事和经济等职能，分为多个层次。行政边界的效应包括隔绝效应和传递效应。其中，隔绝效应限制劳动力、资本和信息的跨界自由传递；传递效应则充分利用行政边界两地的势差，寻求合作机会。

行政边界的双重效应存在结构矛盾性。行政边界以《行政区域界线管理条例》和《行政区域边界争议处理条例》为法律基础，以《民政部关于做好行政区划变更后勘界工作的通知》、《国务院关于开展勘定省、县两级行政区域界线工作有关问题的通知》、《关于加强行政区域界线管理工作的意见》、《省级行政区域界线联合检查实施办法》和《省级行政区域界线勘界测绘技术规定（试行）》为政策制度保障，地方政府官员则以行政辖区内经济和政治利益最大化为目标，行政区经济模式已成为推动区域一体化的障碍。

3. 边界效应的调整机制

政策转变是边界效应的持续调整要素。区域作为产业联系和空间管治的重要单元，参与全球竞争。政府通过制定区域政策，动态和主动调整边界效应。地方政府以区域政策为基础，确定地区发展定位和模式。目前，我国区域经济研究根据政策类型，将国家分为直辖市、东北地区、沿海地区、中部地区、西北地区和西南地区等单元。

区域政策影响研究根据政策类型设置权重，多对经济特区和国家级高新区设置高权重，对经济与技术开发区和边界经济合作区设置中权重，对沿海开放城市等政策新区设置低权重。在政策转变过程中，区域竞合关系不断重构，分为中心城市与经济腹地间联系、政策新区与普通城市间联系、城市经济与乡镇经济间联系等多个层面。

4. 边界效应的影响要素

行政体制是边界效应的影响要素。按照中国现行的行政体制，县、县级市和区均为县级行政区①，是地级市下辖的行政管理单位。"省管市""市管县"等情况易导致"小马拉大车"等管理模式的出现②。"县级市"③ 的管辖模式④和管辖事权⑤与县不同，部分地区则试点省管县⑥。"区"作为城市的重要组成

---

① 以广东省肇庆市为例，肇庆市下辖的端州区、四会市和怀集县具有相同的行政级别，但它们的财税体制和管理模式等有显著的差异。

② 这种情况在佛山市顺德区和南海区等经济发达地区常见，以较低的行政级别管理较大的经济总量和政府事务。

③ "县级市"的产生主要通过"镇提升行政等级"和"撤县设市"两种方式。截至 2014 年 7 月，中国大陆地区共有 364 个县级市。

④ 以肇庆市为例，肇庆市下辖高要区、四会市、怀集县、广宁县、德庆县和封开县，但肇庆市职能部门对下辖县（市、区）仅有监督权和指导权，管理权集中在各县（市、区）政府。肇庆市正努力推动"撤市设区"和"撤县设市"，调整行政区划。

⑤ 广东省的东莞市、中山市，海南省的三沙市和甘肃省的嘉峪关市等地级市下辖的乡镇由地级市直接领导，但有些县级市具有地级市的财政管理权限，如广东省的普宁市、浙江省的义乌市等。

⑥ 2009 年 8 月，广东省批复佛山市顺德区在维持目前建制不变的前提下，除党委、纪委、监察、法院、检察院系统及需要佛山市统一协调管理的事务外，其他所有经济、社会、文化等方面的事务，赋予顺德区行使地级市管理权限，"顺德模式"是当前我国推进"省直管县"的探索。作为江苏省第一批"省管县"试点，昆山、泰兴、沭阳三地自 2012 年 10 月起直接向江苏省政府汇报工作，向省政府直接负责。以昆山市为例，试行"省管县"后，昆山地税和国土等管理权限将收归省里，苏州与昆山间关系限于"重点加强土地利用和城乡规划、产业布局、基础设施建设、公共服务等方面的统筹协调"。

部分，与县相比，在扩大城市人口规模和建设用地规模等层面有显著的作用。城市规模水平、基础设施水平、城市社会经济发展水平常用于比较不同城市间的差距，市级和县级行政单元的比较对城市间细化有重要影响。

地方政府对边界效应的关注核心为自身所处区域地位及城际关系，直接影响地方政府的权力边界[①]，行政体制差异对地方政府权限有显著影响[②]。行政区划调整是行政体制转型的重要内容。历次行政体制调整对城市建制有直接的影响，"渐进式改革"[③] 使地方政府获得不同的发展契机[④]，以实现扩大行政辖区、优化城市管理模式等。但是，由户籍人口规模决定的行政管理和社会公共服务体系，因事权、财权与社会经济发展水平不匹配，无法满足城市的实际需求。

（二）跨界合作多样化

跨界合作地区在 1958 年首次出现于德国—波兰边界（指 Euro Regions），随后欧洲、北美、东亚等地陆续建立多个双边或多边跨界合作地区。跨界合作致力于重构经济边界，空间管治与跨界合作间存在紧密关系。以欧盟为例，欧盟通过划定合作发展地区，确保合作发展地区享有与所属国不同的制度和政策[⑤]。由于国家间法律制度和管理体系存在差异，跨界合作地区需要形成与相邻各国相协调的法律制度和管理体系[⑥]。政府推动的跨界合作模式可分为跨国协定支持型、

---

① 权力边界包括财税体制、管理权限等多个层面。

② "十五"期间出台的《城镇化发展重点专项规划》针对大中城市市区行政区划问题，提出了明确而具体的要求，要"理顺城市中心区和城市边缘区行政区划体制。对市县同驻一地的要调整行政区划"。

③ 国际学术界认为，与苏联采取的"激进式改革"不同，我国改革开放通过"渐进式改革"方式逐步推动。

④ 例如，苏州通过行政区划调整，谋求自身在行政级别和管辖事权上的提升。

⑤ 包括从欧盟获取独立财政支持，编制特定空间规划或交通发展政策。

⑥ 欧洲跨界合作地区的典型发展模式分为两个阶段：第一阶段，跨界合作地区内部形成与各国行政系统相协调的独立行政体系；第二阶段，形成以跨界法律协议为基础的跨界合作空间管治实体。跨界合作地区可有效促进宏观层面区域空间和产业融合。欧洲跨界合作地区设有"联合工会"等监督组织，具备特定法律安排、发展策略和多政策合作的特性。

国家宏观主导型、学术课题委托型和单边地方政府主导型四种类型①。

1. 跨界合作的类型

按照合作关系，跨界合作可分为"强弱联合"、"拓展腹地"、"增长同盟"和"区域协调"等类型。跨界合作的空间尺度因地而异，具有一定的脆弱性和不稳定性。我国广佛、沈抚、西咸、太榆、乌昌和郑汴等地因地制宜，出现符合自身需求的合作模式。与国际多元化合作模式不同，我国跨界合作多呈现显著的"强—弱"合作特征，即以中心城市整合周边资源形成区域经济集团，吸引人口和外来投资。经济特区在城市发展的过程中将根据区域竞合关系和城市实力差异动态调整跨界合作的类型，而不是拘泥于传统方式。在拓展外围腹地、强化中心功能和辐射周边区域的过程中，区域合作意向的差异、区域合作话语权的不平等、多利益主体的协调难度和对行政区划调整的担忧也会对跨界合作造成显著影响。

2. 跨界合作的驱动因素

我国跨界合作的驱动因素是地方政绩，表现为先发地区谋求扩大经济腹地，后发地区谋求启动发展。城市地位、考核指标和社会福利分配模式均为合作内容。跨界合作试图在不调整行政区划，不牺牲地方政府既得利益基础上，促进资源要素互补，如江苏江阴—靖江工业园、中新苏州工业园区、上海张江高科技园区和深汕特别合作区等。部分跨界合作由于固有经济体制的影响，市场需求和公众参与不够。相似的文化背景可有效提高相互认同感、合作密切程度和信任程度。历史因素则与政治因素相结合，共同影响跨界合作的发展潜力。经济特区为进一步吸引产业集聚、促进地域开发，会谋求签订区域合作协议、建立跨界合作区等。

---

① 跨国协定支持型合作模式，如欧盟、北美自由贸易协定等经济组织提供资金，支持地区发展，整合重点地区或发展廊道。该模式下，虽然地方发展积极性强，希望获得资金支持，但由于跨国协定组织基金来源于各国，跨界合作地区的确定往往需要国家间博弈。国家宏观主导型合作模式由国家重要机构主导，具备较高的权威性和执行力。区域规划和都市圈规划等规划类型已在世界各地得到广泛重视，但规划确定往往需要顾及区域平衡，过多规划对空间发展重心有所影响。学术课题委托型合作模式由科研机构或大学实施，对地区未来发展趋势进行理论判断和前瞻战略研究，成果较客观。由于其非法定规划属性，因此仅能提出战略上的建议。单边地方政府主导型合作模式需要获得市民和周边地区政府的协调和认同，缺乏宏观行政组织支持，容易导致协调认同度较低和难以实施。

五 小结与启示

在区域合作框架影响下，关税适度减免或取消有助于增加跨界贸易和减少交易成本，推动生产要素跨界自由流动，形成新型边界经济增长模式。经济特区具有边界空间地域尺度和边界空间重界定的作用，形成生产要素整合需求，如跨界同城化合作和跨界经济廊道等模式的出现。社会融合成为跨界合作的重要媒介，跨界合作区域因不同地域文化相互融合形成新型社会空间。全球化进程重构了区域经济政治联系模式，使行政边界的渗透效应逐渐强化。区域内部各地区间相对平衡是跨界合作的重要影响因素，生产要素整合将有助于提高地区整体竞争力。影响跨界合作的重要因素包括政治体制与社会文化因素、产业需求与科技信息因素、生态和自然环境保护因素、跨界基础设施因素。分析经济特区的区位选择，探讨经济特区和边界区域的概念，分析行政边界的多种类型，有助于探索经济特区的跨界合作经验和发展趋势。

参考文献

［1］朱惠斌：《迈向全球信息科技高地的城市规划思路探索——以深圳为例》，《上海城市管理》2021年第3期。

［2］朱惠斌：《粤港澳大湾区金融产业空间格局与分异探讨》，《岭南学刊》2019年第6期。

［3］李卫、李萍：《厦门建设区域创新中心实施路径研究》，《厦门特区党校学报》2021年第5期。

［4］朱惠斌：《粤港澳大湾区视角下的深圳城际关系研究》，《深圳社会科学》2019年第6期。

［5］刘美萍：《碳中和路径下福建高质量发展问题探讨》，《厦门特区党校学报》2021年第2期。

［6］朱惠斌：《智慧城市应用研究进展与展望》，《江南论坛》2021年第11期。

［7］朱惠斌、李贵才：《区域联合跨界合作的模式与特征》，《国际城市规划》2015年第4期。

［8］朱惠斌、李贵才：《基于功能网络的珠三角区域经济空间格局》，《经济地理》2015

年第 2 期。

［9］朱惠斌：《基于航空客流的中国城市功能网络研究》，《经济地理》2014 年第 4 期。

［10］朱惠斌：《联合跨界合作演进特征及驱动机制研究》，《人文地理》2014 年第 2 期。

［11］朱惠斌：《行政区区间联系及其空间效应的系统化研究》，《地理科学进展》2013 年第 11 期。

［12］朱惠斌、李贵才：《影响跨界增长的区域要素研究述评》，《国际城市规划》2014 年第 1 期。

［13］朱惠斌：《城市行政中心区位选择与迁移类型——以深莞惠都市区为例》，《热带地理》2013 年第 5 期。

［14］朱惠斌、李贵才：《深港联合跨界合作与同城化协作研究》，《经济地理》2013 年第 7 期。

（文字编辑：乐小芳）

Exploring the Location Choice and Cross-border Cooperation of Special Economic Zones

Zhu Huibin

（Shenzhen Branch of China Mobile Communications Group Guangdong
Co. Ltd. , Shenzhen, Guangdong, 518060）

Abstract：China established the first batch of special economic zones （SEZs） in 1980 as a geographical exploration of the "pioneering first" model of reform and opening up, providing a theoretical basis and practical reference for subsequent setting of new policy zones such as state-level new areas and free trade zones. China's early SEZs chose to adopt the "coastal and border" model, i. e. , to select border areas and make full use of their location advantages to attract foreign investment and serve regular people, achieving remarkable results. Among them, Zhuhai is adjacent to Macau, Shenzhen is adjacent to Hong Kong, and Xiamen is adjacent to Taiwan, all of which were typical border areas at that time. The successful construction of SEZs opened the window for China to open up to the outside world and provided important hub nodes and industrial supports for the subsequent national strategies such as "The Belt and Road Initiative". By analyzing the location choices of SEZs, we summarize the experience of cross-border cooperation and development paths of SEZs, study and forecast the subsequent development trends of SEZs.

Keywords: Special Economic Zones; Border Area; Cross-Border Cooperation

中国经济特区产业绿色转型成效动态研究

杜亭亭[*]

杜亭亭*

（深圳大学中国经济特区研究中心　广东　深圳　518060）

摘　要：经济特区较早构建了工业化、现代化产业体系，产业绿色转型经验具有重要的引领示范意义。近年来，各经济特区加快推进产业绿色转型，在资源利用效率、污染物排放、创新能力和工业盈利能力等方面总体成效显著。本文根据产业生态化理论，对五大经济特区产业绿色转型成效进行综合评估。针对五大经济特区产业绿色转型的具体特征和存在的短板，本文基于各经济特区的差距提出改进建议。

关键词：经济特区　产业生态化　产业绿色转型成效　熵值法

一　引言

党的二十大报告指出，"加快发展方式绿色转型。推动经济社会发展绿色化、低碳化是实现高质量发展的关键环节"。党的二十大报告再次明确了新时代我国生态文明建设的战略任务，总基调就是推动绿色发展，促进人与自然和谐共生。

---

* 杜亭亭，深圳大学中国经济特区研究中心博士后。

习近平总书记曾多次强调，"绿色发展注重的是解决人与自然和谐问题"[①]，"绿色发展，就其要义来讲，是要解决好人与自然和谐共生问题"[②]。"十四五"时期，我国生态文明建设将进入以降碳为重点战略方向、推动减污降碳协同增效、促进经济社会发展全面绿色转型、实现生态环境质量改善由量变到质变的关键时期。经济特区较早构建了工业化、现代化产业体系，产业绿色转型经验具有重要的引领示范意义。近年来，各经济特区加快推进产业绿色转型，在资源利用效率、污染物排放、创新能力和工业盈利能力等方面总体成效显著。本文根据产业生态化理论，对五大经济特区产业绿色转型成效进行了综合评估。针对五大经济特区产业绿色转型的具体特征和存在的短板，本文基于各经济特区的差距提出改进建议。

（一）资源效率提升状况

从电耗指标来看，2016～2021年五大经济特区单位工业增加值电耗总体呈现负增长趋势，表明五大经济特区资源效率整体呈现持续改善态势（见图1）。2020～2021年，深圳、珠海、汕头、厦门4个经济特区资源效率均呈现一定程度的回落态势，其中，珠海和汕头经济特区回落最显著。2021年，海南经济特区资源效率提升状况最优，单位工业增加值电耗同比下降近10%。

（二）污染物减少状况

从细颗粒物 $PM_{2.5}$ 浓度指标来看，2015～2021年五大经济特区主要污染物排放情况总体呈现稳步改善态势，各经济特区的细颗粒物 $PM_{2.5}$ 浓度均下降明显（见图2）。2020～2021年，五大经济特区细颗粒物 $PM_{2.5}$ 浓度变化趋势相对平缓，各经济特区大气污染总体上得到有效控制，空气污染治理成效显著。

[①] 《习近平总书记〈在党的十八届五中全会第二次全体会议上的讲话（节选）〉》，《人民日报》2016年1月1日，第1版。

[②] 《习近平在省部级主要领导干部学习贯彻党的十八届五中全会精神专题研讨班上的讲话》，中国共产党新闻网，http://cpc.people.com.cn/n1/2016/0510/c64094-28337020.html，2016年1月18日。

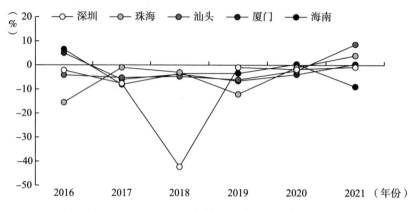

图 1　2016～2021 年五大经济特区单位工业增加值电耗

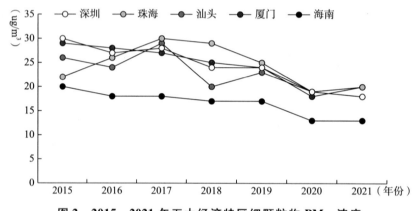

图 2　2015～2021 年五大经济特区细颗粒物 PM$_{2.5}$ 浓度

（三）创新能力提升状况

2020～2021 年，五大经济特区高新技术产业增加值占比均有显著提升（见图 3），其中，珠海和深圳经济特区产业转型进度相对较快。从专利授权量来看，2020～2021 年，五大经济特区创新能力均呈现提升态势。其中，深圳经济特区创新能力提升显著，珠海、汕头、厦门和海南专利授权量增幅相对平缓（见图 4）。总体上看，五大经济特区创新能力呈现一定程度的分化态势。

（四）工业盈利能力提升状况

从工业利润指标来看，2015～2021 年五大经济特区工业实现利润总额基本保持正增长，表明五大经济特区工业盈利能力整体呈提升态势（见图 5）。其

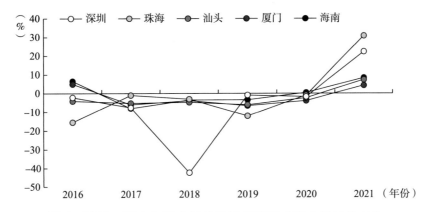

图3 2016～2021年五大经济特区高新技术产业增加值占比

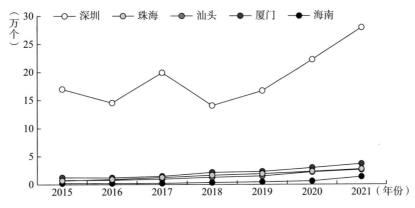

图4 2015～2021年五大经济特区专利授权量

中，厦门经济特区工业盈利能力提升最为显著。2020～2021年，厦门经济特区工业利润实现了较高水平的正增长，且增速连续两年反超深圳经济特区。

总体来看，五大经济特区产业绿色转型基本实现了产业生态化与生态产业化融合发展，严格的环境规制并未显著阻碍创新能力提升和工业经济稳步运行。

二 文献综述

张平指出，新兴经济体仍处于工业化时期，碳达峰和碳中和并进发展，绿色转型与产业转型升级需要高度关联，总量治理难以解决问题。① 因此，中国

---

① 张平：《中国经济绿色转型的路径、结构与治理》，《社会科学战线》2022年第8期。

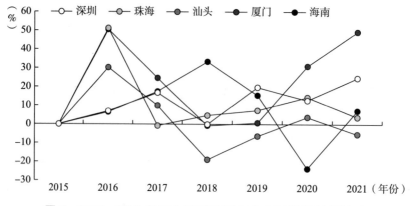

图 5　2015～2021 年五大经济特区工业实现利润总额增速

经济的绿色转型要与产业技术进步和产业升级关联讨论。

20 世纪 90 年代，随着可持续发展战略在世界范围内的普遍实施，产业生态化发展逐渐在发达国家形成潮流。产业生态化的理论思想来源于国外学者 Ayres 于 1984 年提出的产业代谢理论和 Frosch 于 1989 年提出的产业生态系统理论。Ayres 提出，产业代谢理论基于生命周期分析和物质流分析两种方法，认为在产业发展中采用的材料和能源等，可通过产业系统的运转，对物质流进行转化，在这个过程中可以评估造成的环境影响，最后将形成的废弃物排出产业系统。[①] 在产业代谢理论基础上，学者 Frosch 和 Gallopoulos 进一步提出了"产业生态系统"的概念，强调产业发展和自然环境互相协调，企业之间形成一个产业系统，将生产废弃物在产业系统内部处理，降低对生态环境造成的负面影响，最终形成高效率低能耗生产模式。[②] Allenby 认为，产业生态化是通过模仿自然生态系统闭路循环的模式构建产业生态系统，按照生态规律和经济规律安排生产活动，实现产业系统生态化，从而实现资源循环利用，减少或消除环境破坏，最终实现产业与自然协调、可持续发展的过程。[③] Erkman 指出，产业生态化研

①　Ayres, R. U., "Industrial Metabolism: Theory and Policy," in Allenby, B. R., Richards, D. J., *The Greening of Industrial Ecosystems* (Washington DC: National Academy Press, 1994).

②　Frosch, R. A., Callopoulos, N. E., "Strategies for Manufacturing," *Scientific American*, 1989 (3): 144 – 152.

③　Allenby, B., "Industrial Ecology Gets Down to Earth," *IEEE Circuits and Devices Magazine*, 1994 (1): 24 – 28.

究产业系统如何运作、规制以及其与生物圈的相互作用，并基于对生态系统的认知，决定如何进行产业调整，以使其与自然生态系统的运行相协调。[①] 黄志斌和王晓华认为，产业生态化是将产业物质生产过程中的资源和能量消耗加入生态系统总转换，在实现产业生态系统良性循环的同时求得经济效益与生态效益的统一。[②] 樊海林和程远提出，产业生态化是操作层面可持续发展理念的延伸。[③]

国外产业生态化的分析方法主要包括生态效率分析、物质流能量流分析和构建综合评价指标体系等，我国学术界大多采用综合指数评价和多元统计方法[④]。产业生态化进展的评估方法近似于产业生态效率的评估方法。产业绿色转型是一项系统工程，五大经济特区均不同程度采取了绿色转型措施，涉及方面较多，有政府产业政策、绿色投入、公众参与、绿色转型效果等，需要一个整体性评估体系对五大经济特区的绿色转型能力进行评估，结合实际情况，制定精准的成效评价和政策供给措施。本文采用熵值法将生态产业化和产业生态化过程中产生的经济、生态、社会效益纳入一个整体框架，对五大经济特区产业绿色转型成效进行系统评估。

三 研究方法

（一）指标和数据

1. 指标体系

产业绿色转型应该结合实际情况，制定精准的成效评价和政策供给措施。区

① Erkman, S., "Industrial Ecology: An Historical View," *Journal of Cleaner Production*, 1997 (1 - 2): 1 - 10.
② 黄志斌、王晓华:《产业生态化的经济学分析与对策探讨》,《华东经济管理》2000 年第 3 期。
③ 樊海林、程远:《产业生态:一个企业竞争的视角》,《中国工业经济》2004 年第 3 期。
④ 赵林飞:《产业生态化的若干问题研究》,硕士学位论文,浙江大学,2003;袁增伟等:《生态工业园区生态系统理论及调控机制》,《生态学报》2004 年第 11 期;邹伟进、陈伟、郭明晶:《我国钢铁产业生态化水平的评价》,《统计与决策》2010 第 8 期;李娣、胡拥军、肖中良:《长株潭区域产业生态化发展评价与对策研究》,《开放导报》2010 年第 1 期;陆根尧、盛龙、唐辰华:《中国产业生态化水平的静态与动态分析——基于省际数据的实证研究》,《中国工业经济》2012 年第 3 期;陈航、王海鹰、张春雨:《我国海洋产业生态化水平评价指标体系的构建与测算》,《统计与决策》2015 年第 10 期。

域产业生态系统水平由区域生态系统的多样性、抵抗力、系统活力以及可恢复性等多维因素共同决定，评价过程中应优化"两化"（生态产业化和产业生态化）融合发展的动态综合效益测度。基于"两化"融合发展要求，示范区生态产业化和产业生态化过程中产生的经济、生态、社会效益，应该被纳入一个整体框架进行系统评估。本文根据产业绿色转型的内涵与特征，遵循客观性、全面性、层次性和可行性的指标设计原则，主要从产业绿色转型进度、工业节能成效、区域环境动态、绿色转型能力、绿色产出水平 5 个维度构建了经济特区产业绿色转型成效评估指标体系（见表 1），二级指标根据各个经济特区数据可得性、特征差异设计。

表 1　经济特区产业绿色转型成效评估指标体系

总目标	一级指标	二级指标	单位	指标类型
经济特区产业绿色转型成效评估	绿色转型进度	战略性新兴产业增加值比重	%	正向
		绿色低碳产业增加值比重	%	正向
		现代服务业增加值比重	%	正向
		高技术制造业增加值比重	%	正向
		先进制造业增加值比重	%	正向
		文化及相关产业增加值比重	%	正向
	工业节能成效	工业用电比全部工业增加值增速	%	负向
		工业用水比全部工业增加值增速	%	负向
		生产运营用水	亿立方米	负向
		工业用电量	亿千瓦时	负向
	区域环境动态	细颗粒物（$PM_{2.5}$）平均浓度	微克／米^3	负向
		酸雨频率	%	负向
		灰霾天气天数比例	%	负向
		空气质量级别一级（优）天数比例	%	正向
	绿色转型能力	全年规模以上工业实现利润总额增速	%	正向
		水利、环境和公共设施管理业固定资产投资增速	%	正向
	绿色产出水平	专利授权量	万个	正向
		新能源汽车产量	万辆	正向
		绿色低碳产业增加值增速	%	正向

2. 数据收集

通过查阅五大经济特区政府工作报告、国民经济与社会发展统计公报、环境质量公报等官方资料，本文分别整理和计算了 2015～2021 年五大经济特区产业绿色转型成效评估指标。

（二）评估方法

1. 指标选取

设有 r 个年份，n 个经济特区，m 个指标，则 x_{ijk} 表示第 i 年，第 j 个经济特区，第 k 个指标的值。

2. 指标标准化处理

由于不同的指标具有不同的量纲和单位，因此需要进行标准化处理。正向指标标准化：$x'_{ijk} = \dfrac{x_{ijk} - x_{\min k}}{x_{\max k} - x_{\min k}}$，负向指标标准化：$x'_{ijk} = \dfrac{x_{\min k} - x_{ijk}}{x_{\min k} - x_{\max k}}$。

其中，$x_{\min k}$，$x_{\max k}$ 分别表示，第 k 个指标在 n 个经济特区 r 个年份中的最小值与最大值。指标标准化处理后，x'_{ijk} 的取值范围为 $[0, 1]$，其含义为 x_{ijk} 在 n 个经济特区 r 个年份中的相对大小。

3. 计算指标的比重

$$y_{ijk} = \frac{x'_{ijk}}{\sum_i \sum_j x'_{ijk}} \tag{1}$$

4. 计算第 k 项指标的熵值

$$S_k = -\frac{1}{\theta} \sum_i \sum_j y_{ijk} \ln y_{ijk} \tag{2}$$

其中 $\theta > 0$，且 $\theta = \ln(ij)$

5. 计算第 k 项指标的信息效用值

$$g_k = 1 - S_k \tag{3}$$

6. 计算第 k 项指标的权重

$$w_k = \frac{g_k}{\sum_k g_k} \tag{4}$$

7. 计算各经济特区每年的综合得分

$$H_{ij} = \sum_k w_k x'_{ijk} \tag{5}$$

（三）指标权重

表2 2015～2021年深圳经济特区产业绿色转型成效评估指标权重

一级指标	二级指标	2015年	2016年	2017年	2018年	2019年	2020年	2021年
绿色转型进度	战略性新兴产业增加值比重	0.139 95	0.132 904	0.131 709	0.148 687	0.149 783	0.161 926	0.135 041
	绿色低碳产业增加值比重	0.160 059	0.155 549	0.144 239	0.136 937	0.137 252	0.135 35	0.130 614
	现代服务业增加值比重	0.160 545	0.143 802	0.151 113	0.149 495	0.134 129	0.130 621	0.130 295
	高技术制造业增加值比重	0.134 686	0.139 138	0.144 229	0.135 626	0.140 914	0.141 584	0.163 823
	先进制造业增加值比重	0.134 745	0.1393	0.149 847	0.141 886	0.148 734	0.146 891	0.138 598
	文化及相关产业增加值比重	0.131 147	0.161 477	0.141 392	0.145 446	0.140 938	0.145 759	0.133 84
工业节能成效	工业用电比全部工业增加值增速	0.152 366	0.142 395	0.131 016	0.136 014	0.146 964	0.143 727	0.147 517
	工业用水比全部工业增加值增速	0.151 22	0.136 001	0.137 89	0.139 05	0.141 702	0.146 318	0.147 819
	生产运营用水	0.162 047	0.161 644	0.134 594	0.135 295	0.135 346	0.135 195	0.135 879
	工业用电量	0.149 22	0.153 986	0.161 84	0.133 23	0.133 684	0.133 258	0.134 782
区域环境动态	细颗粒物（$PM_{2.5}$）平均浓度	0.162 268	0.146 068	0.149 777	0.138 538	0.138 538	0.132 663	0.132 148
	酸雨频率	0.162 825	0.152 298	0.138 875	0.137 728	0.138 46	0.137 361	0.132 453
	灰霾天气天数比例	0.162 983	0.148 395	0.143 441	0.141 85	0.135 787	0.133 892	0.133 653
	空气质量级别一级（优）天数比例	0.159 07	0.142 368	0.141 482	0.147 757	0.147 757	0.130 647	0.130 919

一级指标	二级指标	2015 年	2016 年	2017 年	2018 年	2019 年	2020 年	2021 年
绿色转型能力	全年规模以上工业实现利润总额增速	0.160 422	0.143 521	0.134 105	0.161 116	0.132 66	0.137 038	0.131 138
	水利、环境和公共设施管理业固定资产投资增速	0.144 983	0.134 319	0.134 411	0.136 626	0.143 168	0.1431	0.163 394
绿色产出水平	新能源汽车产量	0.160 213	0.144 425	0.151 657	0.137 59	0.138 617	0.136 398	0.1311
	绿色低碳产业增加值增速	0.161 046	0.138 993	0.130 642	0.131 656	0.147 879	0.144 849	0.144 935

注：由于各个经济特区统计口径有差异，考虑到数据可得性问题，选取相似指标进行替换；为研究 2015～2021 年五大经济特区绿色转型成数的纵向变化趋势，对每一个细分指标按年度进行趋势测度和对此分析，因此，在指标测算方法上，指标权重的分布是在年度之间进行标准化处理，即各二级指标历年权重之和为 1。余表同。

表 3 2015～2021 年珠海经济特区产业绿色转型成效评估指标权重

一级指标	二级指标	2015 年	2016 年	2017 年	2018 年	2019 年	2020 年	2021 年
绿色转型进度	先进制造业增加值比重	0.157 76	0.157 976	0.157 976	0.158 843	0.187 342	0.180 103	0
	高技术制造业增加值比重	0.173 257	0.164 908	0.163 164	0.163 599	0	0.171 93	0.163 141
绿色转型能力	一般公共预算节能环保支出增速	0.172 452	0.157 726	0.158 364	0	0.157 733	0.179 349	0.174 377
	全年规模以上工业实现利润总额增速	0.181 894	0.157 037	0	0.169 088	0.164 451	0.156 54	0.170 99
	水利、环境和公共设施管理业固定资产投资增速	0.168 805	0	0.173 437	0.162 235	0.165 855	0.159 873	0.169 795
绿色产出水平	太阳能电池（光伏电池）、锂电子电池产量	0	0.181 721	0.167 357	0.164 792	0.1677	0.160 508	0.157 922
	专利授权量	0	0.181 443	0.172 628	0.166 022	0.162 761	0.159 523	0.157 624
	发明专利授权量	0.169 769	0	0.158 748	0.172 168	0.172 448	0.165 499	0.161 369
区域环境动态	空气质量级别一级（优）天数比例	0.164 213	0.167 537	0.183 704	0	0.163 222	0.158 97	0.162 354
	灰霾天气天数比例	0.179 869	0.167 059	0	0.165 533	0.163 081	0.162 116	0.162 342

续表

一级指标	二级指标	2015年	2016年	2017年	2018年	2019年	2020年	2021年
工业节能成效	生产运营用水	0.165 708	0.162 28	0.163 981	0.168 998	0.169 305	0.169 728	0
	工业用电量	0.161 949	0.162 26	0.164 212	0.168 443	0.170 89	0.172 245	0
	规模以上工业综合能源消费量	0.164 921	0.164 681	0.166 475	0.169 801	0.166 883	0.167 239	0
	工业用电比全部工业增加值增速	0.174 514	0.157 244	0.171 618	0.167 078	0.157 793	0.171 753	0
	工业用水比全部工业增加值增速	0.170 986	0.160 148	0.175 287	0.164 366	0.158 667	0.170 545	0

表4 2015～2021年汕头经济特区产业绿色转型成效评估指标权重

一级指标	二级指标	2015年	2016年	2017年	2018年	2019年	2020年	2021年
绿色转型进度	现代服务业增加值比重	0	0.176 767	0.167 553	0.169 591	0.161 054	0.161 231	0.163 803
	先进制造业增加值比重	0	0.190 375	0.169 831	0.164 732	0.158 492	0.155 497	0.161 074
	高技术制造业增加值比重	0	0.176 91	0.172 164	0.166 956	0.165 49	0.162 048	0.156 431
绿色转型能力	生态保护和环境治理业投资增速	0.169 258	0.172 702	0	0.163 255	0.159 391	0.175 079	0.160 314
	全年规模以上工业实现利润总额增速	0.168 086	0.157 913	0.162 503	0	0.173 431	0.165 621	0.172 446
绿色产出水平	专利授权量	0	0.186 743	0.176 835	0.166 44	0.161 739	0.154 375	0.153 867
	发明专利授权量	0	0.177 771	0.162 439	0.159 518	0.176 082	0.165 933	0.158 256
	风电发电量	0.158 974	0.160 733	0.157 761	0	0.170 932	0.181 959	0.169 641
工业节能成效	工业用电比全部工业增加值增速	0.171 376	0.166 03	0.164 949	0.165 435	0.164 195	0.168 016	0
	规模以上工业综合能源消费量比全部工业增加值增速	0	0.166 739	0.168 549	0.175 773	0.165 162	0.165 162	0.158 614

续表

一级指标	二级指标	2015 年	2016 年	2017 年	2018 年	2019 年	2020 年	2021 年
工业节能成效	石油及制品类零售额	0.159 156	0.161 672	0	0.155 64	0.181 468	0.159 329	0.182 735
	规模以上工业综合能源消费量	0.161 172	0.158 853	0.164 217	0.177 906	0.167 593	0.170 258	0
	全年全市用电总量	0.161 194	0.163 407	0.165 804	0.168 388	0.169 317	0.171 89	0
区域环境动态	细颗粒物（PM$_{2.5}$）平均浓度	0.176 558	0.170 042	0	0.162 333	0.167 568	0.161 168	0.162 333
	酸雨频率	0.168 329	0.166 735	0.168 329	0	0.168 329	0.164 138	0.164 138
	空气质量级别一级（优）天数比例	0.023 384	0.031 541	0.018 344	0	0.031 541	0.036 556	0.029 606

表 5　2015～2021 年厦门经济特区产业绿色转型成效评估指标权重

一级指标	二级指标	2015 年	2016 年	2017 年	2018 年	2019 年	2020 年	2021 年
绿色转型进度	规模以上高技术产业增加值比重	0.162 0321	0.164 1906	0.167 6949	0.167 4034	0.169 5329	0.169 1462	0
	旅游业收入比重	0.167 191	0.164 6856	0.163 0364	0.160 6716	0.162 1819	0	0.182 2335
绿色转型能力	全年规模以上工业实现利润总额增速	0.187 0979	0.154 0116	0.161 1152	0	0.185 3265	0.158 3229	0.154 126
绿色产出水平	旅游总收入增速	0.171 522	0.166 5355	0.165 4967	0.165 6544	0.166 0995	0	0.164 6919
	全市天然气供气总量	0	0.186 0553	0.168 7663	0.162 0823	0.161 4783	0.163 6611	0.157 9567
	专利授权量	0.187 5841	0	0.177 8967	0.163 1968	0.161 091	0.155 8305	0.154 401
	发明专利授权量	0	0.177 4007	0.169 6256	0.172 2787	0.163 9339	0.159 8124	0.156 9488
工业节能成效	全部供水总量	0.166 3415	0.166 3415	0.167 965	0.164 9409	0.167 2872	0.167 1238	0
	全年全市用电总量	0.159 8849	0.161 6032	0.164 203	0.168 2386	0.171 7354	0.174 3349	0

续表

一级指标	二级指标	2015	2016	2017	2018	2019	2020	2021
工业节能成效	工业用电量比规模以上工业增加值增速	0.172 6444	0	0.162 2122	0.164 9346	0.161 6648	0.164 8461	0.173 6979
	生产运营用水比规模以上工业增加值增速	0	0.170 2413	0.162 9951	0.167 1234	0.166 5555	0.175 3337	0.157 7509
区域环境动态	细颗粒物（PM$_{2.5}$）平均浓度	0	0.181 5806	0.175 1595	0.166 5979	0.163 622	0.156 011	0.157 0289
	酸雨频率	0.181 5466	0	0.155 1581	0.172 2363	0.165 5053	0.170 8157	0.154 7381
	灰霾天气天数比例	0.173 7927	0.168 5507	0.164 0406	0.157 6136	0.160 941	0	0.1750 614
	空气质量级别一级（优）天数比例	0.164 1454	0.166 4489	0.170 0101	0	0.174 6932	0.160 9565	0.163 7459
	空气质量级别一级（优）概率	0.171 7326	0.163 6484	0.176 7267	0	0.163 6484	0.158 6783	0.165 5657

表 6　2015～2021 年海南经济特区产业绿色转型成效评估指标权重

一级指标	二级指标	2015 年	2016 年	2017 年	2018 年	2019 年	2020 年	2021 年
绿色转型进度	规模以上高技术产业增加值比重	0.1342 956	0.137 9198	0.137 9577	0.138 9886	0.142 0442	0.144 9637	0.163 8304
	旅游总收入比重	0.155 5878	0.146 0093	0.139 926	0.135 7484	0.135 1672	0.154 3617	0.133 1996
绿色转型能力	全年规模以上工业实现利润总额增速	0.143 8524	0.141 0987	0.137 611	0.134 5197	0.138 1596	0.163 937	0.140 8215
	财政节能环保支出增速	0.146 8647	0.137 4154	0.146 0287	0.131 3399	0.139 3077	0.161 7557	0.137 2879
绿色产出水平	旅游总收入增速	0.146 6897	0.139 1316	0.138 0878	0.139 2561	0.141 2965	0.163 1054	0.132 4329
	专利授权量	0.153 5889	0.156 0825	0.152 4545	0.141 3984	0.135 2217	0.130 1772	0.131 0769
	太阳能电池（光伏电池）、锂电子电池产量	0.132 625	0.141 7067	0.149 4179	0.162 9042	0.136 6671	0.135 3068	0.141 3724
工业节能成效	规模以上工业综合能源消费量	0.138 6184	0.164 4656	0.138 2364	0.139 3094	0.139 5054	0.139 3094	0.140 5555

续表

一级指标	二级指标	2015	2016	2017	2018	2019	2020	2021
工业节能成效	规模以上工业综合能源消费量增速	0.140 3236	0.164 4812	0.139 0772	0.139 3374	0.139 0678	0.138 9423	0.138 7704
区域环境动态	城市（镇）PM$_{2.5}$年均浓度	0.162 5845	0.145 2829	0.145 2829	0.140 8668	0.140 8668	0.132 558	0.132 558
	原油消费量增速	0.130 0472	0.132 5566	0.158 4471	0.154 9273	0.143 0278	0.132 4609	0.148 5332

四　结果分析

2015～2021 年，五大经济特区产业绿色转型成效综合得分总体呈上升趋势（见图6），这表明从纵向的动态演进特征来看，五大经济特区的产业绿色转型成效较为显著，产业生态化与生态产业化较好地实现了融合发展。2020～2021年，深圳、厦门和海南经济特区综合得分均呈上升趋势，珠海和汕头经济特区综合得分略有下降。

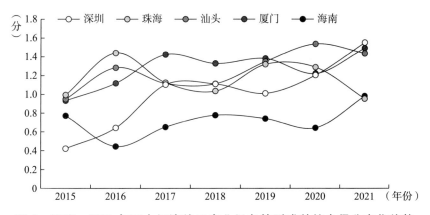

图 6　2015～2021 年五大经济特区产业绿色转型成效综合得分变化趋势

为了深入挖掘五大经济特区产业绿色转型成效动态变化特征，即各经济特区产业绿色转型具体特征存在差异的原因，本文进一步从绿色转型进度、绿色转型能力、绿色产出水平、工业节能成效、区域环境动态 5 个维度展开评估。总体来看，五大经济特区产业绿色转型成效呈现显著的差异化特征。其中，

2015～2021年，深圳经济特区的产业绿色转型成效主要体现在绿色转型进度和区域环境动态两个方面，绿色转型能力和绿色产出水平成效相对不显著（见图7）。这表明，深圳经济特区在产业结构方面具有显著优势，成为深圳实现高水平产业绿色转型的重要基础。深圳绿色转型能力尚存在一定的短板，绿色产出水平存在一定的提升潜力。

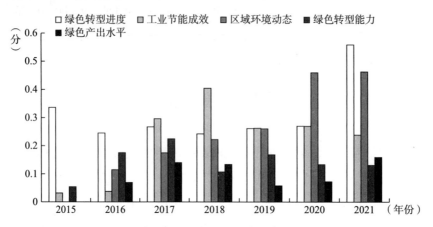

图7　2015～2021年深圳经济特区5个维度综合得分变化趋势

2015～2021年，珠海经济特区的产业绿色转型成效主要体现在工业节能成效方面，区域环境动态和绿色转型进度得分相对较低（见图8）。这表明，相比于其他经济特区，珠海经济特区产业生态化与生态产业化融合程度较低，产业转型相对缓慢，环境质量仍存在一定改善空间。

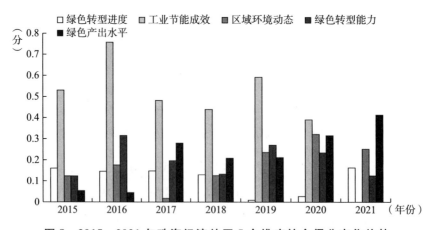

图8　2015～2021年珠海经济特区5个维度综合得分变化趋势

2015～2021 年，汕头经济特区的产业绿色转型成效主要体现在工业节能成效、绿色转型进度和绿色产出水平方面，绿色转型能力成效相对不显著（见图 9）。这表明，相比于其他经济特区，汕头经济特区产业绿色转型需要更加注重增强盈利能力，确保经济与产业转型协调发展。

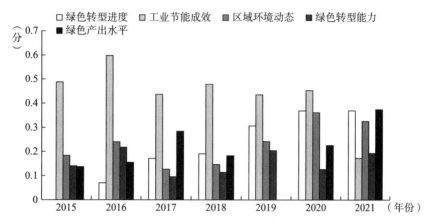

图 9　2015～2021 年汕头经济特区 5 个维度综合得分变化趋势

2015～2021 年，厦门经济特区的产业绿色转型成效主要体现在区域环境动态、工业节能成效和绿色产出水平方面，绿色转型能力成效相对不显著（见图 10）。这表明，相比于其他经济特区，厦门经济特区产业绿色转型较好地实现了生态产业化发展，未来需要更加注重提高经济效益。

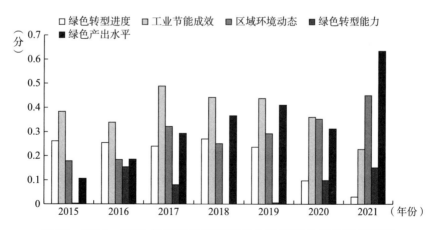

图 10　2015～2021 年厦门经济特区 5 个维度综合得分变化趋势

2015～2021 年，海南经济特区的产业绿色转型成效主要体现在工业节能成效和绿色产出水平方面，绿色转型进度成效相对不显著（见图 11）。这表明，相比于其他经济特区，海南经济特区需要加快产业结构升级进度，补齐高新技术产业短板。

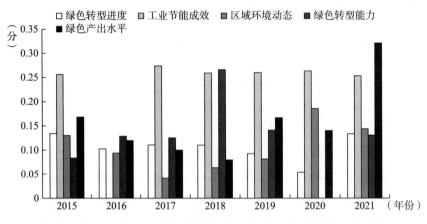

图 11　2015～2021 年海南经济特区 5 个维度综合得分变化趋势

五　结论与建议

产业生态化是生态文明建设的内在要求，党的二十大报告对绿色转型提出了更高的要求。党的二十大报告指出，"加快推动产业结构、能源结构、交通运输结构等调整优化。实施全面节约战略，推进各类资源节约集约利用，加快构建废弃物循环利用体系。完善支持绿色发展的财税、金融、投资、价格政策和标准体系，发展绿色低碳产业，健全资源环境要素市场化配置体系"，"倡导绿色消费，推动形成绿色低碳的生产方式和生活方式"。加快形成绿色发展模式是产业绿色转型的主要途径之一。在革命性的绿色生活方式转变基础上，倒逼市场主体生产方式的绿色转型，打造绿色低碳产业链，推动形成绿色生产方式，深入贯彻绿色发展理念。从工业化时代单一线性的从原料到产品的发展方式转换成可双向循环的绿色发展模式。加快建立环境产品销售和价值转移机制，将环境资源转化为具有经济和社会价值的消费品，建立健全环境资产、环境信用和环境产品认证交易市场体系，将生态价值的开发利用纳入制度体系改革和发展模式创新全过程。通过培养生态价值观，促进生活方式的改变，强化需求侧结构优化管理，倒逼生产方式低碳转型。环境破坏主要是由于过度使用资源、能源超负荷消耗。打造低碳环保的生态文化必须从源头做起，改变高污染、高消耗的惯性思维和生活方式，以保护和节约资源作为环境治理的主要手段。要从根本上推动价值观念转变，贯彻资源节约集约利用、循环利用的理念，支持资源利用体制的根本转变，加强环境保护防治和全过程监测、管理，实行能源消耗双重控制，并将其根植于社会文化土壤中，提高全社会整体资源利用效率，推动绿色生活方式在全社会范围内的普及和推广。改革消费理念和消费习惯，大力推进适度环保低碳消费，反对奢侈品和过度消费。广泛开展绿色家庭、绿色学校和绿色社区建设，普及绿色旅游等绿色经济业态。

参考文献

［1］《习近平总书记〈在党的十八届五中全会第二次全体会议上的讲话（节选）〉》，《人民日报》2016年1月1日，第1版。

［2］《习近平在省部级主要领导干部学习贯彻党的十八届五中全会精神专题研讨班上的讲话》，中国共产党新闻网，http://cpc.people.com.cn/n1/2016/0510/c64094-28337020.html，2016年1月18日。

［3］张平：《中国经济绿色转型的路径、结构与治理》，《社会科学战线》2022年第8期。

［4］黄志斌、王晓华：《产业生态化的经济学分析与对策探讨》，《华东经济管理》2000年第3期。

［5］樊海林、程远：《产业生态：一个企业竞争的视角》，《中国工业经济》2004年第3期。

［6］赵林飞：《产业生态化的若干问题研究》，硕士学位论文，浙江大学，2003。

［7］袁增伟等：《生态工业园区生态系统理论及调控机制》，《生态学报》2004年第11期。

［8］邹伟进、陈伟、郭明晶：《我国钢铁产业生态化水平的评价》，《统计与决策》2010第8期。

［9］李娣、胡拥军、肖中良：《长株潭区域产业生态化发展评价与对策研究》，《开放

导报》2010 年第 1 期。

[10] 陆根尧、盛龙、唐辰华：《中国产业生态化水平的静态与动态分析——基于省际数据的实证研究》，《中国工业经济》2012 年第 3 期。

[11] 陈航、王海鹰、张春雨：《我国海洋产业生态化水平评价指标体系的构建与测算》，《统计与决策》2015 年第 10 期。

[12] 戴越：《波特假说三个层面的当下证说与建言》，《求索》2013 年第 11 期。

[13] 黄鹏、郭闽、兰思仁：《福建省城市化与生态环境耦合状况分析》，《福建农林大学学报》（自然科学版）2015 年 2 期。

[14] 董颖、石磊：《"波特假说"——生态创新与环境管制的关系研究述评》，《生态学报》2013 年第 3 期。

[15] 李婉红、毕克新、孙冰：《环境规制强度对污染密集行业绿色技术创新的影响研究——基于 2003—2010 年面板数据的实证检验》，《研究与发展管理》2013 年第 6 期。

[16] 徐艳等：《产品环境足迹：新的潜在绿色贸易壁垒》，《环境与可持续发展》2019 年第 6 期。

[17] 孙玉阳、宋有涛、杨春荻：《环境规制对经济增长质量的影响：促进还是抑制？——基于全要素生产率视角》，《当代经济管理》2019 年第 10 期。

[18] 赵红、谷庆：《环境规制、引致 R&D 与全要素生产率》，《重庆大学学报》（社会科学版）2015 年第 5 期。

[19] 《2018 年海南省国民经济和社会发展统计公报》，海南省人民政府网站，http://www.hainan.gov.cn/hainan/tjgb/201901/3508453efdb443f3a4310be618b1a2d5.shtml，2019 年 1 月 29 日。

[20] 《2018 年海南省生态环境状况公报》，海南省生态环境厅网站，http://hnsthb.hainan.gov.cn/hjzl/hjzlxx/hjzkgb_51008/201906/t20190603_2581826.html，2019 年 6 月 3 日。

[21] 《2021 年汕头国民经济和社会发展统计公报》，汕头市统计局网站，https://www.shantou.gov.cn/tjj/tjzl/tjgb/content/post_2042930.html，2022 年 3 月 29 日。

[22] 《2021 年汕头市生态环境质量状况公报》，汕头市生态环境局网站，https://www.shantou.gov.cn/epd/ztzl/hjzlzk/content/post_2072121.html，2022 年 6 月 6 日。

[23] 《2021 年度深圳市生态环境状况公报》，深圳政府在线网站，http://www.sz.gov.cn/zfgb/2022/gb1249/content/post_9932684.html，2022 年 7 月 4 日。

[24]《2021 年厦门市生态环境质量公报》，厦门市生态环境局网站，http://sthjj. xm. gov. cn/zwgk/zfxxgk/fdzdgknr/hjzl/hjzkgb/202206/t20220602_2665142. htm，2022 年 6 月 2 日。

[25]《2018 年珠海市国民经济和社会发展统计公报》，《珠海特区报》2019 年 4 月 1 日。

[26]《2018 年珠海市环境质量状况》，珠海市生态环境局网站，http://zhepb. gov. cn/xxgkml/tjsj/hjzkgg/201903/t20190326_40503. htm，2019 年 3 月 26 日。

[27]《2021 年度、2020 年度环境信访统计》，汕头市生态环境局网站，http://www. sh-antou. gov. cn/epd/hjxf/201904/5e1854dd4af545b1ad4f96f8e0665dcc. shtml，2019 年 4 月。

[28]《深圳市 2018 年国民经济和社会发展统计公报》，深圳政府在线网站，http://tjj. sz. gov. cn/gkmlpt/content/5/5540/mpost_5540317. html#4222，2019 年 4 月 19 日。

[29]《厦门市 2018 年国民经济和社会发展统计公报》，厦门市政府网站，http://www. xm. gov. cn/zfxxgk/xxgkznml/gmzgan/tjgb/201903/t20190327_2239484. htm，2019 年 3 月 22 日。

[30] Ayres, R. U. , "Industrial Metabolism: Theory and Policy," in Allenby, B. R. , Richards, D. J. , *The Greening of Industrial Ecosystems* (Washington DC: National Academy Press, 1994).

[31] Frosch, R. A. , Callopoulos, N. E. , "Strategies for Manufacturing ," *Scientific American*, 1989 (3): 144 – 152.

[32] Allenby, B. , "Industrial Ecology Gets Down to Earth," *IEEE Circuits and Devices Magazine*, 1994 (1): 24 – 28.

[33] Erkman, S. , "Industrial Ecology: An Historical View," *Journal of Cleaner Production*, 1997 (1 – 2): 1 – 10.

[34] Ambec, S. , Cohen, M. A. , Elgie, S. , Lanoie, P. , "The Porter Hypothesis at 20: Can Environmental Regulation Enhance Innovation and Competitiveness?" *Review of Environmental Economics and Policy*, 2013 (1).

[35] Jänicke, M. , Mönch, H. , Ranneberg, T. , Simonis, U. E. , "Economic Structure and Environmental Impacts: East-West Comparisons," *The Environmentalist*, 1989 (3).

[36] Popp, D. , "Uncertain R&D and the Porter Hypothesis," *Contributions in Economic Analysis & Policy*, 2011 (1).

［37］ Porter, M. E. , Van der Linde, C. , "Toward a New Conception of the Environment-com-
petitiveness Relationship," *The Journal of Economic Perspectives*, 1995 (4).

［38］ Porter, M. E. , Van der Linde, C. , "Green and Competitive: Ending the Stalemate,"
Harvard Business Review, 1995 (6).

［39］ Xepapadeas, A. , De Zeeuw, A. , "Environmental Policy and Competitiveness: The
Porter Hypothesis and the Composition of Capital," *Journal of Environmental Economics
and Management*, 1998 (2).

［40］ Labonne, J. , "A Comparative Analysis of the Environmental Management, Perform-
ance and Innovation of SMEs and Larger Firms," http://ec. europa. eu/environment/ar-
chives/sme/pdf/final_report_sme_en. pdf, 2006.

（文字编辑：周轶昆）

Dynamic Research on the Effects of Industrial Green Transformation in China's Special Economic Zones

Du Tingting

(China Center for Special Economic Zone Research, Shenzhen
University, Shenzhen, Guangdong, 518060)

Abstract: Special Economic Zones (SEZs) have built industrialized and mod-
ernized industrial systems earlier, and their experience in industrial green transforma-
tion has important leading demonstration significance. In recent years, various special
economic zones have accelerated the progress of industrial green transformation, and
the overall results have been remarkable in terms of resource utilization efficiency, pol-
lutant emission, innovation capability and industrial profitability. This paper, based on
the theory of industrial ecology, presents a comprehensive assessment of the effective-
ness of industrial green transformation in the five special economic zones. In view of the
specific features and shortcomings in the process of industrial green transformation in

the five SEZs, this paper proposes improvement suggestions based on the gaps in each SEZ.

Keywords：Special Economic Zones；Industry Ecological-Lization；Effect of Green Transformation；Entropy Evaluation Method

国内国际双循环背景下中巴产业合作研究[*]

牛飞亮　于海凤　古丽荪·艾萨[**]

（喀什大学经济与管理学院　新疆 喀什　844008）

摘　要： 共建"一带一路"倡议是中国向世界提供的公共产品，对促进各国经济合作、文明交流互鉴具有重大作用。中巴经济走廊位于"一带一路"的交会处，对搭建中巴两国沟通桥梁具有重大价值。中巴经济走廊第一期的建设大幅度促进了巴基斯坦基础设施的完善、制造业的发展，在很大程度上解决了当地的就业问题，提高了人民的生活水平。2019 年启动的第二阶段项目将继续推动巴基斯坦社会经济高速发展。与此同时，中巴合作面临融资、债务、地缘政治、安全等一系列问题，对此中国保持坚定的态度，采取相关措施预防风险和解决问题。维系两国的关系除了促进经济贸易和产业合作之外，还需要大力推动两个不同文明之间的多元文化交流，实现文明交流互鉴。在教育、科技、文化等领域促进中巴深层次战略协作，有助于共建"一带一路"倡议的实施。

---

* 本文得到国家社会科学规划项目"通过参与国内外经济循环缩小新疆收入差距的机制与对策研究"（项目编号：21BJL135）和国家民委中巴经济走廊高质量发展研究课题（项目编号：202103B）资助。

** 牛飞亮，经济学博士，喀什大学经济与管理学院院长、教授，天池百人计划特聘教授；于海凤，经济学博士，喀什大学经济与管理学院讲师；古丽荪·艾萨，喀什大学经济与管理学院助教。

关键词：共建"一带一路"倡议　中巴经济走廊　中巴产业合作
文明交流互鉴

一　引言

进入 21 世纪以来，在国际金融危机深层次影响仍未消除、世界经济缓慢复苏和多边投资贸易规则调整的背景下，各国面临如何在复杂国际发展形势下把握机遇的难题。2013 年，中国领导人提出共建"一带一路"的重大倡议。[①] 2014 年，中巴双方签署了《中巴经济走廊远景规划纲要》以及经济、技术、能源、金融、工业园、信息通信等领域的系列合作协议，这是共建"一带一路"倡议框架下第一个重大建设项目。[②] 中巴经济走廊是中巴两国务实合作的结果，通过长期合作共建，将形成中国进一步对外开放的新格局。[③] 这一战略规划将惠及巴基斯坦，以及南亚、中亚、西亚地区各国人民。中巴经济走廊预计总投资将达到 450 亿美元，全部建设项目计划于 2030 年完工。共建"一带一路"倡议主要通过国家之间的多边合作搭建区域合作平台，提高国际国内资源的配置效率，以促进区域国家市场的深度融合，共同打造互利共赢的区域经济合作框架。[④]

二　中巴产业合作的基本状况

（一）两国早期合作项目成效初显

截至 2019 年 11 月，中巴经济走廊建成及在建早期项目共 22 个，其中 14

[①] 《共建"一带一路"倡议：进展、贡献与展望》，人民政协网，https://www.rmzxb.com.cn/c/2019-04-22/2332772_1.shtml，2019 年 4 月 22 日。

[②] 《中国产业海外发展和规划协会与巴西圣保罗州工业联合会签署合作备忘录》，环球网，https://world.huanqiu.com/article/9CaKrnJFhB9/，2014 年 7 月 18 日；吴浙：《经济发展阶段差异对中巴经济走廊建设的影响》，《克拉玛依学刊》2016 年第 3 期；中国社会科学网，http://www.cssn.cn/dq/yn/201907/t20190709_4931401.shtml? from=timeline。

[③] 《中巴经济走廊：回顾与展望》，中国经济网，http://intl.ce.cn/qqss/201904/28/t20190428_31959145.shtml，2019 年 4 月 28 日。

[④] 《中巴经济走廊是巴基斯坦发展的"黄金机遇"》，光明网，http://news.gmw.cn/2018-07/23/content_30023640.htm，2018 年 7 月 23 日。

个项目已经完工，8 个项目在建。2016～2017 年，中巴经济走廊向巴基斯坦
贡献约 20.9% 的国民生产总值（GDP），为巴基斯坦创造了约 22.6% 的就业
机会。中巴经济走廊项目实施的 5 年间，带动巴基斯坦制造业增长 58%，全
国 GDP 年平均增长率达 4.8%。成效比较显著的是 2017～2018 年，巴基斯坦
GDP 增速达 5.8%，创下近 13 年来的新高。5 年里，巴基斯坦每年吸引外国直
接投资额由 6.5 亿美元增长至 22 亿美元，人均年收入由原来的 1334 美元增加
到 1641 美元。①

（二）第二阶段的发展规划

随着中巴经济走廊的建设，以能源和交通等基础设施建设投资为中心的规
划为巴基斯坦的产业发展奠定坚实基础。根据巴基斯坦统计数据，中巴经济走
廊早期收获项目创造的工作岗位中，大约 75% 为当地就业。预计未来 5～7 年
（2018 年以后），中巴经济走廊项目将继续为巴基斯坦创造约 50 万个就业机
会。② 中巴经济走廊第二阶段新开工的 27 个项目于 2019 年底正式启动，这一批
项目主要涉及农业、工业、教育、水资源以及职业技术培训等。③ 此外，中巴
自由贸易协定（FTA）第二阶段协议已经签署，根据该协定，中国将为巴基斯
坦商品开放 90% 以上的市场，用以解决贸易逆差问题。中巴经济走廊第二阶
段项目的启动进一步夯实和拓展了中巴经济走廊建设的深度和广度，推动巴
基斯坦经济社会快速发展。

三　中巴产业合作中的融资问题与可持续发展

（一）中巴产业合作融资的机制和方式

中巴经济走廊位于"一带一路"的交会处，具有重大的地理区位优势。为

---

① 《唐孟生：中巴经济走廊建设前景依然光明》，云南省社会科学院网站，http://www.sky.yn.gov.
cn/ztzl/zg-nyzklt/zgsd/05482246154095404176，2019 年 7 月 4 日。
② 《中巴经济走廊是巴基斯坦发展的"黄金机遇"》，光明网，https://news.gmw.cn/2018 - 07/
23/content_30023640.htm，2018 年 7 月 23 日。
③ 罗建波：《"一带一路"与中国的战略远见》，《云梦学刊》2018 年第 4 期。

了更高效地贯彻落实共建"一带一路"倡议，中巴两国需要建立全方位的产业合作。第一阶段的中巴产业合作主要聚焦基础设施建设和能源合作两个方面，因此基础设施建设与能源合作的融资渠道和相关机制问题需要重点关注。

共建"一带一路"倡议下的融资渠道主要是中国进出口政策银行、各商业银行、丝路基金和亚投行、多个国际组织、巴基斯坦政府和企业自筹资本等。银团贷款是中巴经济走廊建设融资最常用的工具，而丝路基金和亚投行贷款是共建"一带一路"项目重要的融资渠道；价格低、期限长的中国进出口政策银行贷款是主要的融资渠道。国际组织贷款，如国际货币基金组织、亚洲开发银行、金砖国家开发银行等的贷款获取难度较大，不是主要融资渠道。由于中巴经济走廊融资缺口大、选择不多，外资银行的投资风险偏好，以及走廊沿线国际局势动荡、地缘冲突等，融资渠道以国家开发银行、中国进出口政策银行以及中资商业银行为主导，辅之以亚投行、丝路基金等多方金融机构的资本支持。中国的三峡集团、华能等大型中资企业积极投资建设巴基斯坦传统的水电、火电项目，还有新能源项目，如太阳能、风电和光伏等项目。除了中国的政策性银行外，丝路基金也为中巴经济走廊融资发挥了重要的作用。丝路基金是为共建"一带一路"中投资回报周期较长的基础设施建设项目设立的专门基金，它不仅是主权财富基金，也是一个开放式的金融平台，参与者不仅有政府，也有民间的部分对回报率要求不是很高的保险公司、私募基金以及社保基金等。这种多元融资互补型合作模式有利于激励民间资本参与共建"一带一路"，一方面可以降低政府的融资压力，另一方面可以提高资本的流动性。①

从全球视角观察，融资租赁已然成为银行信贷外的全球第二大融资工具。中巴合作建设的 PKM 高速公路（苏库尔—木尔坦段）是目前巴基斯坦设计等级最高、唯一全线绿化、能够抵御百年一遇洪灾的高标准高速公路。这一项目全面贯彻落实共建"一带一路"倡议的"共商、共建、共享"原则，重视与巴基斯坦当地企业的合作。融资租赁企业与商业银行以及其他金融机构不同，它可以发挥自己的独特优势，推动租赁方式创新，实现差异化发展。金融衍生品市

---

① 蔡晨宇：《瓜达尔港的开发任重道远》，《中国港口》2017 年第 1 期。

场所起的作用比较有限，但 PPP 模式已经在中巴经济走廊建设中起到了重要的作用，它的优势是把政府的社会责任、宏观的远景规划、高效的协调能力、私营企业的创业精神、民间资本等元素结合。PPP 模式在中巴经济走廊建设项目中得到了广泛采用。①

（二） 中巴产业合作项目中出现的融资问题和所谓 "债务问题"

中国投资运营的基础设施建设、能源项目等大部分是回报期长的大项目，能否盈利与巴基斯坦国内政治是否稳定以及经济发展态势是否良好密切相关，因此中国政府事实上承担了大部分项目融资的主要风险。巴基斯坦资本回报率透明度不够，项目融资方主要依靠中国国有商业银行和国有企业提供资本支持，这可能导致中国投资面临严重的信用风险。由于国际融资合作机制不完善，一些国际性金融机构，如世界银行、亚投行等多边开发银行较少参与中巴经济走廊建设项目。中资企业在融资过程中经常遇到各种因素的约束。②

2010～2017 年，巴基斯坦的财政平均赤字率约为 6.2%。根据国际货币基金组织的数据，巴基斯坦的高赤字率可能会持续很长时间，由于巴基斯坦的通货膨胀率较高等，巴基斯坦政府的财务收支状况趋于恶化，巴基斯坦被迫向西方国际金融机构和其他非西方国家贷款来弥补赤字，这必将导致债务问题更加严重。③ 事实上，在建和已建成的 22 个中巴经济走廊项目中，仅 4 个项目使用了中国政府提供的贷款，大部分项目的资金来源是中国企业的投资和外部援助，在这些项目的总投资 197 亿美元中，只有大约 60 亿美元是中巴两国政府间债务，剩余的主要是商业贷款，这些贷款可以转化成企业投资股权，而不是债务。大约 60 亿美元的政府间债务只占巴基斯坦全部债务的约 7%，政策性贷款利息也只有约 2%，远远低于商业贷款利息。④

---

① Pakistan Institute for Peace Studies, *Pakistan Security Report* (2018), 2019 (11).

② Pakistan Institute for Peace Studies, *Pakistan Security Report* (2017), 2018 (10).

③ 张耀铭：《中巴经济走廊建设：成果、风险与对策》，《西北大学学报》（哲学社会科学版）2019 年第 4 期。

④ Haider, M., "RAW Runs Special Cell to Sabotage CPEC, Says Secretary Defence. Retrieved from Dawn," https://www.dawn.com/news/1251860, 2016.

四　中巴经济走廊合作中存在的其他相关问题

中巴经济走廊合作在新旧能源、"铁公基"等基础设施建设、投资领域取得了巨大进展，与此同时，面临来自多方面的风险与挑战。

（一）地缘政治竞争

中巴经济走廊建设项目遭到来自西方社会和南亚大国印度的多方干扰。在中国提出共建"一带一路"倡议之前，美国提出"新丝绸之路"的构想。美国设想以中亚的阿富汗为地缘政治中心，通过推动中亚和南亚等国在政治、经济、安全、基础设施等领域的协作，建立一个以美国利益为中心的新亚欧地缘政治板块，鼓动巴基斯坦加入该计划，阻止中巴全方位合作。在美国的设想中，巴基斯坦无疑具有重要的地缘位置，成为"新丝绸之路"构想成败与否的关键节点。但由于美国在南亚政治平衡方面偏袒印度，加上美国忽视巴基斯坦的安全需求，大力推进印度与阿富汗的全面合作，巴基斯坦对美国的信任度大幅降低，美国和巴基斯坦未能达成政治互信，最终"新丝绸之路"构想被长期搁置。中国从新加坡接手建设巴基斯坦瓜达尔港后，印度迅速与阿富汗以及伊朗签署三方协议，2016 年印度与伊朗合作建设恰巴哈尔港，建设该港口的目的之一是监视中国和巴基斯坦在印度洋和中东地区的活动。中巴建设经济走廊只是一个经贸合作倡议，始终强调不针对第三国，不涉及领土主权争议。[①]

（二）中巴经济走廊沿线的安全问题

根据巴基斯坦内政部统计数据，2018 年巴基斯坦发生多达 262 次非法袭击事件。[①]反政府势力成为中巴经济走廊建设项目面临的严峻挑战。旁遮普省、信德

[①]　《日媒：中巴经济走廊火热但面临一困扰仍难根除》，新浪网，http://mil. news. sina. com. cn/ dgby/2018 - 01 - 31/doc-ifyrcsrw0508907. shtml，2018 年 1 月 31 日；《中巴经济走廊建设面临的五大挑战和对策建议》，江苏省进出口商会网站，http://www. jccief. org. cn/v - 1 - 6799. aspx，2016 年 7 月 12 日。

省、开普省和俾路支省的项目在中国总体投资项目中所占比例达到约 89%，在中巴经济走廊建设中具有举足轻重的战略地位，但这 4 个省的非法袭击事件数量也位居前 4。[①] 巴基斯坦塔利班和其他各种形式的反政府武装经常袭击中国施工人员，扰乱中巴经济走廊建设项目的正常运转，激进组织的行动可能会对中巴经济走廊的可持续发展造成长期威胁；巴基斯坦内部日益扩张的极端主义、民族主义和激进主义势力，以及长期未改革的传统法律、宗教习俗等都将对推进中的中巴经济走廊建设项目产生长期而巨大的威胁。巴基斯坦政府必须采取全方位的防范措施保证中巴经济走廊建设人员的安全。

五 文明交流互鉴基础上深化中巴产业合作探讨

（一）中巴经济走廊建设之前中巴文明交流与产业合作

中巴两国文化交流源远流长，据文献记载，大唐高僧玄奘于公元 629 年从长安出发，经中国新疆，途经巴基斯坦西北部的白沙瓦，去往印度取经。[②] 1951 年中巴两国建交以来，基于战略互惠，中巴两国在国家层面进行了一系列文化交流活动，而在民间层面，尤其是行为文化层和形态文化层的交流较少。深层次的民间文化交流是筑牢中巴两国友谊和促进文化交流的关键因素。

1965 年，中巴两国政府签署了《中巴文化交流协定》。从双方文化交流形式看，中巴建交以来的大部分文化交流均以政府主导的交流方式为主，取得相当大的成效，形成了比山高、比海深的中巴人民友谊。为了进一步加强文化交流、增加互信，中国政府于 2005 年在巴基斯坦首都伊斯兰堡合作建立整个伊斯兰世界的第一个孔子学院。之后，两国于 2013 年在巴基斯坦南部印度洋港口和最大城市卡拉奇设立卡拉奇大学孔子学院。孔子学院的设立，推动了中巴两国在文化艺术、科技、商贸等领域的深度合作。

[①] 《王南：浅议巴基斯坦安全问题》，察哈尔学会网站，http://www.charhar.org.cn/newsinfo.aspx? newsid = 13060，2018 年 5 月 9 日。

[②] 玄奘：《大唐西域记》，董志翘译注，中华书局，2014。

新闻媒体作为文化传播和文化交流的重要媒介，对国家之间的文化沟通起着桥梁般的重要作用。2010 年，中国国际广播电台与巴基斯坦国家广播电台签署政府间媒体合作协议。从 2011 年开始，中国国际广播电台相继在巴基斯坦的伊斯兰堡、卡拉奇、木尔坦、拉合尔和科哈特使用巴基斯坦国语乌尔都语和英语播出节目，取得良好的沟通效果。

总体上看，20 世纪 50 年代初期到 20 世纪末期，中巴两国文化交流的主要领域包括文学、艺术、科技、军事、经济、体育、教育等。进入 21 世纪，中巴两国的文化交流方式更加多样、内容更加丰富，合作交流拓展到了医疗卫生、教育出版、妇女儿童、文物档案等领域。在过去的半个世纪里，中国将民族歌舞、音乐、杂技、国画、书法、武术等各类国学精粹介绍到巴基斯坦，进行深入广泛的全方位交流。在文学艺术领域，两国将对方部分优秀文学作品翻译给自己国家读者学习。在电影电视广播领域，两国的国家新闻广播机构签订了一系列广播电视协议，对两国广播电影电视艺术方面的交流与合作起到了巨大的推动作用。与此同时，中巴两国在教育科技领域的合作也取得快速发展。从 2003 年开始，巴基斯坦提供基金资助，每年遴选至少 50 名高校教师来华攻读博士学位，派 300～500 名本科毕业生到中国攻读硕士学位。中国国家留学基金委资助巴基斯坦博士生来华攻读博士学位。[1] 截至 2020 年底，在华巴基斯坦留学生达到 2.8 万名。[2]

（二）中巴经济走廊建设之后中巴文明交流与产业合作

从 2013 年以来中巴两国文化产业交流的情况看，两国推动双方文化交流的政府官员层次越来越高，交流的项目越来越多、形式越来越丰富。这表明，中巴两国政府高度重视双方的文化交流和合作，认识到国之交在于民相亲。2015 年，两国联合发布《中华人民共和国和巴基斯坦伊斯兰共和国关于建立全天候

---

[1] 《巴基斯坦留学项目首批博士毕业》，教育部网站，http://www.moe.gov.cn/jyb_xwfb/gzdt_gzdt/moe_1485/tnull_24415.html，2007 年 7 月 18 日。

[2] *Embassy in Beijing Says 500 Pakistani Students in Wuhan*，〔巴〕《黎明报》，https://www.dawn.com/news/1530580/embassy-in-beijing-says–500–pakistani-students-in-wuhan，2020 年 1 月 26 日。

战略合作伙伴关系的联合声明》，宣布中国中央电视台英语新闻、纪录频道在巴基斯坦开播，又一次为中巴两国人民架起了一座友谊沟通桥梁。

为了推动中巴两国电影电视交流扩大规模和增加深度，满足中巴两国人民日益增长的文化需求，进而通过文明交流互鉴，推动中巴经济走廊的和谐建设，中巴双方的影视交流日益深化。文化交流必将为两国在经贸、科技等领域的合作奠定坚实的基础。

随着中巴经济走廊建设的深入开展，各个项目建设工地除了需要一批中国的技术工人和工程师之外，也对巴基斯坦各种技能型职业技术人才具有大规模的刚性需求，这在客观上表明了中巴职业技术教育合作具有非常广阔的发展前景。据中国估计，中巴经济走廊建设每年需要培训240万名巴基斯坦技术工人和工程师，但是，目前巴基斯坦国内只能培训17%左右的技术人才。因此，从2016年开始，天津职业技术师范大学和天津轻工业职业技术学院与巴基斯坦国家职业技能培训委员会开展战略合作，制定了长期培训计划，为巴基斯坦、"一带一路"倡议和中巴经济走廊建设做出应有的贡献。[1]

在中巴经济走廊建设方面，中巴经济走廊跨国旅游也是一个极具发展潜力的领域。旅游业是一个朝阳产业，应该成为中巴产业合作的重要组成部分。由于近20年来巴基斯坦社会安全环境堪忧，巴基斯坦旅游业遭受重创。相信随着中巴经济走廊建设项目的推进，巴基斯坦人民的生活水平会逐步提高，最终将最大限度地消除非法极端势力滋生的土壤，巴基斯坦旅游业必将迎来巨大的历史机遇。中巴两国共同开发沿走廊一线的旅游业，搭建开放、包容、安全、互惠的旅游产业平台，对通过中巴经济走廊传播丝绸之路精神、中巴两国民心相通有重大作用。当前，充分运用5G技术，率先建立云端旅游平台，建设走廊沿线地区城市旅游联盟，通过全方位合作，将两国旅游资源优势转化为朝阳产业优势和经济利益尤为重要。[2]

---

① 《中国—巴基斯坦经济走廊：机遇与风险》，《亚洲报告》297期，http://www.doc88.com/p-9856477125670.html，2018年6月29日。

② 《中国—巴基斯坦经济走廊：机遇与风险》，《亚洲报告》297期，http://www.doc88.com/p-9856477125670.html，2018年6月29日。

（三）文明交流互鉴对两国经济合作的促进作用

当前，世界正处于百年未遇的大变局之中，为了抓住机遇，实现中华民族伟大复兴的宏伟目标，我们必须在习近平新时代中国特色社会主义思想指引下，充分利用国内国际双循环机制，实现第二个百年奋斗目标。

为此，中国领导人抓住战略机遇，适时提出了共建"一带一路"倡议，这成为中国向世界提供的公共产品。中巴经济走廊建设是共建"一带一路"倡议的重要组成部分。中巴两国不同文明体系、不同文化传统、不同宗教信仰之间的文化、经济、科技等交流，自20世纪50年代开始至今已经持续70多年，双方基于面临的共同战略威胁保持长期的友好协作。中巴两国的合作堪称国家间合作的典范，两国的合作经验告诉我们：维系国与国之间的关系，除了经济、科技、贸易等产业合作方式之外，促进国家之间基于不同文明的多元、多层次文化交流，实现不同文明的交流互鉴，有助于实现深层次的战略合作。产业合作构成物质基础，文明交流互鉴形成精神基础，二者的辩证统一是共建"一带一路"倡议和中巴经济走廊建设取得成功的重要保障。

参考文献

[1] 吴浙：《经济发展阶段差异对中巴经济走廊建设的影响》，《克拉玛依学刊》2016年第3期。

[2] 张耀铭：《中巴经济走廊建设：成果、风险与对策》，《西北大学学报》（哲学社会科学版）2019年第4期。

[3] 孟辽阔：《"一带一路"视野下的巴基斯坦战略地位及其实现路径探析》，《世界经济与政治论坛》2015年第4期。

[4] 罗建波：《"一带一路"与中国的战略远见》，《云梦学刊》2018年第4期。

[5] 蔡晨宇：《瓜达尔港的开发任重道远》，《中国港口》2017年第1期。

[6] 玄奘：《大唐西域记》，董志翘译注，中华书局，2014。

[7] 《共建"一带一路"倡议：进展、贡献与展望》，人民政协网，https://www.rmzxb.com.cn/c/2019-04-22/2332772_1.shtml，2019年4月22日。

［8］《中国产业海外发展和规划协会与巴西圣保罗州工业联合会签署合作备忘录》，环球网，https://world. huanqiu. com/article/9CaKrnJFhB9/，2014 年 7 月 18 日。

［9］《中巴经济走廊：回顾与展望》，中国经济网，http://intl. ce. cn/qqss/201904/28/t20190428_31959145. shtml，2019 年 4 月 28 日。

［10］《中巴经济走廊是巴基斯坦发展的"黄金机遇"》，新华网，http://www. xinhua-net. com/world/2018 – 07/23/c_129919205. htm，2018 年 7 月 23 日。

［11］《唐孟生：中巴经济走廊建设前景依然光明》，云南省社会科学院网站，http://www. sky. yn. gov. cn/ztzl/zg-nyzklt/zgsd/05482246154095404176，2019 年 7 月 4 日。

［12］《日媒：中巴经济走廊建设火热但面临一困扰仍难根除》，新浪网，http://mil. news. sina. com. cn/dgby/2018 – 01 – 31/doc – ifyrcsrw0508907. shtml，2018 年 1 月 31 日。

［13］《中巴经济走廊建设面临的五大挑战和对策建议》，江苏省进出口商会网站，ht-tp://www. jccief. org. cn/v – 1 – 6799. aspx，2016 年 7 月 12 日。

［14］《王南：浅议巴基斯坦安全问题》，察哈尔学会网站，http://www. charhar. org. cn/newsinfo. aspx？ newsid = 13060，2018 年 5 月 9 日。

［15］《巴基斯坦留学项目首批博士毕业》，教育部网站，http://www. moe. gov. cn/jyb_xwfb/gzdt_gzdt/moe_1485/tnull_24415. html，2007 年 7 月 18 日。

［16］《中国—巴基斯坦经济走廊：机遇与风险》，《亚洲报告》297 期，http://www. doc88. com/p – 9856477125670. html，2018 年 6 月 29 日。

［17］ *Embassy in Beijing Says 500 Pakistani Students in Wuhan*，〔巴〕《黎明报》，https://www. dawn. com/news/1530580/embassy-in-beijing-says – 500 – pakistani-students-in-wuhan，2020 年 1 月 26 日。

［18］ Chen, X. M. , Joseph, S. K. , Hamna, T. , Betting Big on CPEC, 2018.

［19］ Pakistan Institute for Peace Studies, Pakistan Security Report（2018），2019（11）.

［20］ Pakistan Institute for Peace Studies, Pakistan Security Report（2017），2018（10）.

［21］ Haider, M. ，"RAW Runs Special Cell to Sabotage CPEC, Says Secretary Defence. Retrieved from Dawn，"https://www. dawn. com/news/1251860，2016.

（文字编辑：章平）

Research on China-Pakistan Industrial Cooperation in the Context of Domestic and International Dual Cycle

Niu Feiliang, *Yu Haifeng*, *Gulisin Essa*

（School of Economics and Management, Kashgar University,

Kashgar, Xinjiang 844008）

Abstract：The Belt and Road Initiative is a public product provided by China to the world, which plays a significant role in promoting economic cooperation, civilizational exchange and mutual appreciation among countries. Located at the intersection of the Belt and Road Initiative, the China-Pakistan Economic Corridor has a significant geostrategic value for building strategic bridges. The construction of the first phase of China-Pakistan Economic Corridor has greatly Promoted the improvement of Pakistan's infrastructure and the development of the manufacturing industry, the local employment problem has been solved to a large extent, the living stundurds of people has been raised. With the launch of the second phase of the project in 2019, it continues to promote the rapid socio-economic development of Pakistan. At the same time, China-Pakistan cooperation is also facing a series of problems such as financing, geopolitics, security, and debt, to which China maintains a firm attitude while taking relevant measures to prevent risks and solve problems. In addition to the industrial cooperation brought about by economic trade, the relationship between the two countries can also be maintained by promoting multicultural exchanges between the two civilizations, realizing the exchange and mutual appreciation of civilizations, and promoting deep strategic collaboration between China and Pakistan, which can help promote the success of "The Belt and Road Initiative".

Keywords：The Belt and Rond Initative; China-Pakistan Economic Corridor; China-Pakistan Industrial Cooperation; Civilizational Exchange and Mutual Appreciation

图书在版编目（CIP）数据

中国经济特区研究. 2022年. 第1辑：总第15辑／
袁易明主编. -- 北京：社会科学文献出版社，2023.4
ISBN 978 - 7 - 5228 - 1444 - 5

Ⅰ.①中…　Ⅱ.①袁…　Ⅲ.①经济特区 - 研究 - 中国
Ⅳ.①F127.9

中国国家版本馆 CIP 数据核字（2023）第 029315 号

中国经济特区研究（2022年第1辑　总第15辑）

主　　编／袁易明

出 版 人／王利民
组稿编辑／周　丽
责任编辑／王玉山　连凌云
文稿编辑／白　银
责任印制／王京美

出　　版／社会科学文献出版社·城市和绿色发展分社（010）59367143
　　　　　地址：北京市北三环中路甲29号院华龙大厦　邮编：100029
　　　　　网址：www. ssap. com. cn
发　　行／社会科学文献出版社（010）59367028
印　　装／三河市东方印刷有限公司

规　　格／开　本：787mm × 1092mm　1/16
　　　　　印　张：11.5　字　数：184千字
版　　次／2023年4月第1版　2023年4月第1次印刷
书　　号／ISBN 978 - 7 - 5228 - 1444 - 5
定　　价／128.00元

读者服务电话：4008918866